一看就懂圖解阿德勒心理學

找回被討厭的勇氣

拋開過去 激發勇氣
人生從此與眾不同的6堂課

岩井俊憲 ──── 著

給想用阿德勒心理學改變人生的你

前言

「我不想再為工作和人際關係煩惱了！」

「我想更有自信一點！」

「如何才能讓自己更堅強？」

每當我在研討會、培訓課程或心理諮詢時，上述這些煩惱，都是熱門的討論話題。

現在已廣為人知的阿德勒心理學，正是可以有效解決這些煩惱的心理學。

它不只可以解決職場、朋友、家人等人際關係煩惱，也能徹底改變自己，是一帖可以讓你和身邊的人都能幸福美滿的良藥。

本書的解說方式，可以一次滿足初次接觸阿德勒心理學的人、已經讀過好幾本相關書籍卻不得要領的人，以及想更深入了解阿德勒心理學全貌的人。

本書有以下三個特徵。

1　利用圖說和插畫詳盡呈現阿德勒心理學全貌，並詳解各個理論在實務上的應用。

2　本書分為「自我」、「人際關係」、「工作 · 領導」、「親子 / 家庭關係」等獨立主題，讀者可直接跳讀自己需要的章節。

3　專業術語搭配具體實例，淺顯易懂。

「阿德勒心理學有好多艱深的詞彙和解釋，只看一遍根本看不懂。」

「不管讀幾次，都不太理解那些詞彙的含義和理論的概要。」

如果你有這種疑慮的話，不妨讀讀這本書吧。

＊

阿德勒說：「人類是描繪自己人生的畫家。」

我們都有改變人生的力量。

無論身處什麼環境、邂逅什麼人，即使身陷逆境、喪失自信、受厭惡之人擺布……，我們也能抬頭挺胸，勇往直前。

阿德勒心理學，能大大幫助我們用自己的力量開拓人生。

這就是讓你，還有你身邊的所有人都能獲得幸福的地圖。
你是不是有點心動，覺得「要是能得到這份地圖該有多好」呢？

我們每一個人，都是自己人生的主角。

學會阿德勒心理學的思考方式和生存之道，讓人生活得更輕快、更多采吧！

2014 年 12 月　岩井俊憲

人生從此與眾不同

阿德勒心理學入門

CONTENTS

第2章

自我的心理學
~與自己的相處之道~

第 **3** 章

人際關係的心理學
～與他人的相處之道～

第 **4** 章

工作、領導者的心理學
～與工作的相處之道～

第5章

親子・家庭關係的心理學
~親子、家人之間的相處之道~

第 6 章

讓人生更圓滿的心理學
～擁有勇氣與共同體感覺～

附錄

夢的理論

封面設計　井上新八

插圖、桌面出版　石山沙蘭

快速掌握本章重點

這一章要解說的是阿德勒心理學的全貌，
介紹阿德勒心理學最重要的五大理論、一
個技巧和核心價值觀。簡單來說，就是展
現阿德勒心理學的內涵、觀點的構成、各
理論之間的關聯。

這種時候最有用！

☐ 第一次接觸阿德勒心理學。

☐ 聽過幾個相關詞彙，但不太清楚它們的
　　含義。

☐ 想要複習阿德勒主要理論的時候。

第 **1** 章

阿德勒心理學
的基本理論

～先從打好基礎出發！～

阿德勒心理學的全貌

這裡要解說幾個阿德勒心理學不可或缺的基本理論，幫助我們探討它的全貌。

影響現代人自我啟發的心理學

- 阿德勒在歐美，與佛洛伊德、榮格並稱為「心理學三巨頭」。

- 阿德勒心理學是由阿德勒奠基，再由後人不斷延伸發展而成的理論。

它是一種可以有效改善帶領團隊、育兒生活和人際關係的心理學喔！

阿德勒心理學的五大理論

阿德勒心理學大致可歸類為以下五種。

1　我們是自己人生的主角（自我決定性）

- 我們就是主角，不是環境和過去事件的受害者。
- 我們有創造自己命運的力量。

2　人的行動都有目的（目的論）

- 過去的原因並不重要。
- 已經掌握未來目標的人所採取的行動，包含了他以個人意志決定的目的。

3　人是身心合一的獨立存在（整體論）

- 人並非內心矛盾對立的動物。

4　每個人都只能透過自己的雙眼觀察（認知論）

- 人只透過自己的主觀來掌握事物。

5　所有的行動都有對象（人際關係論）

- 人類的所有行動，都是處於有對象的人際關係之中。

「激發勇氣」與「共同體感覺」

「激發勇氣」的技巧與「共同體感覺」的價值觀，和前頁的五大理論同等重要。

賦予自己或他人克服困難的活力 (激發勇氣)

- 激發勇氣，就是培養自己克服困難的活力。
- 勇氣不是「稱讚」和激勵就能產生的東西。
- 激發勇氣不只能讓有精神的人更有精神，也能為憂鬱的人注入活力。
- 以前述的五大理論為基礎，善用「激發勇氣」的技巧，就能更深入了解阿德勒心理學。

和同伴之間的連結或羈絆 (共同體感覺)

- 共同體感覺，是每個人各自在家庭、地區、職場等環境下，擁有的歸屬感、共鳴、信賴感、貢獻感的總稱。
- 共同體感覺是精神健康的指標。
- 「共同體感覺」是阿德勒心理學的重要價值觀，也是教育和心理諮詢追求提升的目標。

阿德勒心理學的全貌

激發勇氣
賦予自己或他人克服困難的活力。

自我決定	人擁有創造自我命運的能力。
目的論	每個人的行動,都包含他特有的目的。
整體論	人並非內心矛盾對立的動物,是各種面向相輔相成的存在。
認知論	人會用自己的主觀看法掌握事物。
人際關係論	人的所有行動都有對象。

共同體感覺
當我們待在覺得自己「有容身之處」、「值得信賴」、「有用」的地方,就會產生的感受。

阿德勒心理學的五大理論

一起掌握阿德勒心理學五大理論的基本思維重點吧！

1 自我決定性

只有自己才能決定要用什麼態度來面對當下的環境。

人擁有創造自我命運的力量，絕非環境和過去事件的受害者。
阿德勒說過，「人是自己命運的主角」、「人是描繪自己人生的畫家」。

自卑感、殘缺性

- 「自卑感」、「殘缺性」都和「自我決定性」以及後述的「目的論」息息相關。
- 只要用「自我決定性」、「目的論」的思考方式勇往直前，就能讓自卑感成為自己的助力。(「自卑感」、「殘缺性」的詳細說明請參照第 50 頁)

創造你的是你自己、
改變你的也是你自己

・ 阿德勒心理學認為，成長環境和挫折會影響到性格的塑造。

・ 但唯有自己才能解讀這些影響的意義，並決定採取什麼態度。

・ 人在成長過程中，會受到遺傳等生理方面及環境的影響，但最終仍只有自己可以決定自己的性格。

口口聲聲說「都要怪○○，我才會這麼慘」、「是○○害我變成這樣的」，而不願繼續前進，非常的可惜。

畢竟就算你這麼說，也不會有人幫你解決問題。

在人生這齣戲裡，作者、編劇、導演、主角都是我們自己。

● 做決定的基準在於「有沒有建設性」?

· 決定一件事情時，最重要的是自己下定決心的方向。

· 我們遇到困難時，「誰好誰壞」、「誰對誰錯」，往往心中早有定論。

· 阿德勒心理學中，「這個方向對自己和他人是否有建設性」是影響我們做出決定重要的基準。

★透過這種判斷基準，就不會再把別人當作壞人、也不會再怪罪別人了！
★自己的決定自己負責！

對於採取非建設性應對方法的人，也可以用教育來引導他選擇有建設性的方式。

阿德勒主張用「對人生有益的一面」和「無益的一面」，來決定自己的方向。

自我決定性

殘缺性

天生視力不好

**有建設性
的行為**

· 自立生計
· 善用自己的能力
和體格

自卑感

學力比哥哥差

自己決定性

生長環境

在家無所事事

**無建設性
的行為**

反正我怎麼
努力也比不
上哥哥

我家很
窮啊

家裡貧窮

2 目的論

人的行動，一定都有目的

每個人的行動，都必定伴隨著他自身設定好的目的。這種思考方式稱作「目的論」。

阿德勒心理學，就是未來導向的「目的論」心理學。

它與佛洛伊德所主張的「原因論」，認為過去的原因會影響現在，可謂截然相反。

- 阿德勒心理學，主張「人的行動包含他個人意志所決定的目的」。
- 當一個人決定「做什麼」時，必定是因為他導向未來的意志發揮了作用。

這就是阿德勒心理學的獨道之處。

人的行動沒有原因，只有未來的目的

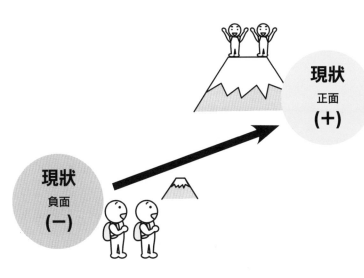

- 個人意志會成為連接現在與未來的橋樑。
- 當一個人決定「做什麼」時，必定是因為他導向未來的意志發揮了作用。

與其堅持在無法回到的過去裡尋找原因，不如大膽描繪還可以改變的生動未來，和自我意志同心協力實踐目的，打造更幸福的生活。

3 整體論

人的內心沒有矛盾
是理性、情感、身心全部合而為一的獨立存在

我們常常會說「我知道但卻阻止不了」。但事實上，我們不是「阻止不了」，只是「不想阻止」罷了。

阿德勒心理學認為，人的心中是沒有矛盾對立的。

- 整體論的思考模式，主張「人並非內心矛盾對立的生物，每個人都是無可替代、無法分割的存在」。

- 其他心理學主張有意識和潛意識、理性與情感互相矛盾。而阿德勒主張理性和情感、意識和潛意識都是一體的，沒有做不到，只有不想做。

整體論

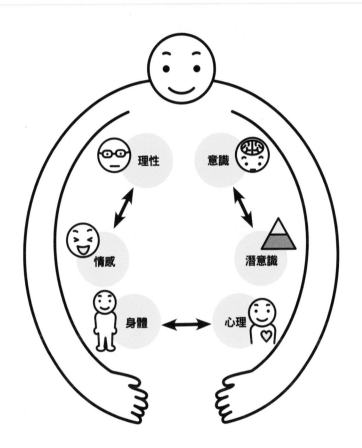

● 意識和潛意識、理性和情感、心理和身體……，人類無法分割這些要素，而且是由這些要素互補而成的存在。

著重原因的思考方式

「工作太多，只好加班了。」

阿德勒心理學主張，
人是沒有矛盾的動物。

目的論的思考方式

「無論如何都想讓這件案子成功，
所以就算加班也想繼續加油。」

「比起回家，優先選擇工作」

・不想加班的話可以選擇不加班。

・無法不加班只是因為「想繼續」或「無意停止」。

● 身心是一體的

· 「過度換氣」、「失眠」的處方箋，都只是針對身體方面的治療。

同時考量心理和身體狀態，
才是整體論的宗旨。

· 人只要能用整體論思考，就不會再用「因為○○，所以我也沒辦法」當作藉口了。

· 與其說 "I can not…"（我做不到），不如改說 "I will not…"（我無意）比較適當。

總而言之，只要有心改變，就一定能改變。

4 認知論

每個人都是透過自己的雙眼觀察事物

即使大家都有相同的際遇，但感受和接納的方式會因人而異。

當大家都去過同一個地方時，有人覺得那裡「放鬆身心」，也會有人覺得「真是吵雜的場所」。

這種「人以自己的主觀來看待掌握事物」的思考方式，就稱之作認知論。

- 人不可能以真實客觀的角度看待事實。

- 人面對外界的事件時，並不會掌握客觀的事實，而是以自己的接納方式、依自己的經驗和喜好賦予它主觀的意義。

當我們想要了解一個人時，阿德勒心理學比起這個人發生過什麼事，更著重於這個人如何看待事情的角度。

認知論

人透過自己的雙眼看待事物

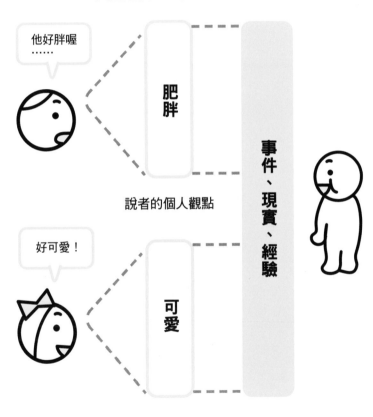

他好胖喔……

肥胖

說者的個人觀點

事件、現實、經驗

好可愛！

可愛

對同一件事物的感受會因人而異

5 人際關係論

所有行動都有對象

人的行動、情感都有對象。

人際關係論的思維，就是「人的所有行動，都處於有對象的人際關係中」。

阿德勒心理學認為，人無法在沒有對象的情況下行動。

- 我們受到對象的行動影響，產生了某種情感，便採取行動來反應。

- 對象又因此採取某種行動。

- 於是，人際關係就存在於這種彼此互相影響的關係之中。

對象也可能是自己

- 對象可以是別人，也可以是自己。
- 每個人都有現實中的自己，以及不斷與自己對話的自己。

我們面對問題時，會透過這兩者一來一往的問答而逐漸產生結論。

如果想了解對方，
就多看看他如何對待別人

- 阿德勒心理學主張，如果想了解一個人，最快的捷徑，就是 (透過認知論) 觀察他的人際關係狀況。
- 不要觀察對方的觀點 (思考)，而是觀察他的人際關係 (行動)，才不至於受騙，也能更容易了解他。

人際關係論

主管
服從指示

親友
什麼都能聊

父母
能當個撒嬌
的孩子

**情感和行為會隨著
自己與對方的關係
而改變**

丈夫
可以毫無顧忌地
展現自我

激發勇氣
─ 何謂勇氣？─

阿德勒心理學又稱作「激發勇氣的心理學」。激發勇氣就是「賦予人克服困難的活力」。只要能激發勇氣，不論是關於自身還是人際關係的煩惱，都會迅速煙消雲散，使我們的人生更加圓滿。

以下就來介紹勇氣最重要的三個要素。

1 勇氣是「承受課題的能力」。只要能接受課題並完成，就能有所成長。有勇氣的人就能毅然決然地挑戰人生的課題。

2 勇氣也是「克服困難的努力」。有勇氣的人，都會明白「困難絕非無法克服的障礙，而是需要面對並跨越的高牆」，將困境轉化成自己的助力。

3 勇氣更是「合作能力的展現」。我們行動時不能自命清高，或是企圖打倒所有人。有勇氣的人能夠面對目標，並具備整合同伴力量的能力，和主動貢獻的能力。

何謂勇氣？

承受課題的能力

克服困難的努力

合作能力的展現

也就是願意與他人
互助合作

有勇氣的人 VS. 沒有勇氣的人

有勇氣的人 ☺

有獨立性

相信自己的能力

能夠客觀承認自己的缺點和弱點

能從失敗或挫折中把握學習、成長的機會

能積極面對未來

接受自己與他人的不同

願意與他人合作

能夠控制自己的情緒

沒有勇氣的人 ☹

有依賴性

覺得自己沒有能力

把自己的缺點和弱點怪罪於別人

認為失敗和挫折會讓人一蹶不振

對未來很悲觀

害怕自己與別人不同

總想與人較量，或是逃避別人

無法控制自己的情感

能激發勇氣的人 VS. 提不起勇氣的人

能激發勇氣的人 ☺	用尊重和信賴來激發動機
	樂觀 (正向思考)
	目的導向
	著眼大局
	加分主義
	著重於優點
	重視過程
	重視人格
	重視與大家合作
	善於傾聽
	能接受失敗
提不起勇氣的人 ☹	用恐懼激發動機
	悲觀 (負面思考)
	原因導向
	吹毛求疵
	扣分主義
	著重於缺點
	重視結果
	輕視人格
	重視與他人競爭
	不願傾聽
	用責備來面對失敗

共同體感覺

「共同體感覺」是阿德勒心理學最重視的概念之一。共同體感覺是指一個人身在家庭、地域、職場中,能夠產生歸屬感的狀態,而阿德勒心理學非常著重於如何提升這種感覺。

擁有共同體感覺的人,能夠與身邊的人互相尊重,並且以「貢獻」、「合作」的意識積極活動。

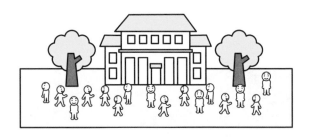

接受自我

有共同體感覺的人,能夠了解自己,並接受兼具優點和缺點、最真實的自己。這就是「接受自我」。

與自負的差異
自負是忽略自己的缺點,採取「一定要比對方更傑出!」的競爭姿態。

具備共同體感覺的人的特徵

1

關心同伴的興趣

2

認為自己是所屬團體的一分子

3

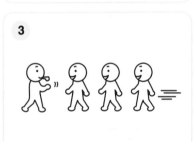

積極去做對同伴幫助的事

4

能與周遭的人互相尊重、信賴

5

主動與他人合作

如果你有這種感覺，代表你精神方面很健康喔！

阿德勒心理學和
佛洛伊德古典心理學的差異

阿德勒心理學和佛洛伊德心理學誕生於同一時期，也同樣並列為三巨頭，兩者究竟有何不同呢？看看以下比較，就能清楚知道兩者之間的差異了。

『節錄自《阿德勒心理學教科書》(HUMAN GUILD 出版部)

阿德勒	佛洛伊德
人類是社會性存在	**人類是生物性存在**
‧ 人的行動來自渴望歸屬社會的欲求	‧ 人的行動是基於動物的本能
‧ 人的行動目標是在團體中尋求容身之處	‧ 人的行動會受到本能的衝動驅使

阿德勒	佛洛伊德
從目的了解人的行動	**從原因了解人的行動**
・人的所有行動都有目的 ・行動的目的在於未來 ・人的行動是面對未來的創造性活動 ・人有選擇、決定的自由	・人的所有行動都有原因 ・行動的原因在於過去 ・人的行動是面對衝動的被動反應 ・人是本能和環境的受害者

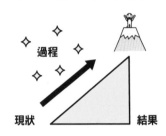

人是無法分割的整體	**人是由部分拼湊而成**
・人會在意識和潛意識狀態下會協力追求目標 ・人的內心沒有糾葛	・意識和潛意識互為矛盾對立 ・人的內心常有糾葛

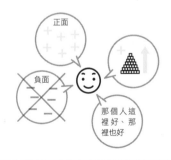

阿德勒	佛洛伊德
人的精神基本上 有理可循	**人的精神基本上 無理可循**

阿德勒	佛洛伊德
・人是為了達成目的才製造情感來使用 ・人類是情感的主宰 ・只要了解目的，便能控制情感 ・潛意識的也值得信賴 ・理性力大無窮 ・人類非常美好 ・樂觀	・人會潛意識產生情感、操控自己的行為 ・人類受情感主宰 ・情感難以控制 ・潛意識是惡的源頭 ・理性無能為力 ・人類相當醜惡 ・悲觀

阿德勒	佛洛伊德
個人和社會基本上互相協調	**個人和社會基本上處於對立**
・社會是為了讓人類幸福生活的場所 ・人只要對共同體有貢獻，就能獲得幸福	・社會是為了禁止個人滿足自己的需求和衝動 ・人只能向社會妥協才能生存，無法獲得真正的幸福

人類需要幫助	**人類需要理解**
・心理學是一種技術 ・重視教育、實踐 ・唯有對治療有用的時候，理論才有存在的意義	・心理學是一種科學 ・重視哲學、思辯 ・理論本身有存在的意義

阿爾弗雷德 · 阿德勒的一生

● 透過行醫的經驗，創立獨樹一格的個人心理學

「阿德勒心理學」的創始人阿爾弗雷德 · 阿德勒是猶太人，1870 年生於奧地利的首都維也納市郊。他從維也納大學醫學系畢業後，曾經擔任過眼科、內科和精神科的醫師。

之後，阿德勒與精神分析的創始人西格蒙德 · 佛洛伊德交流，並在這個過程中，建構了獨樹一格的「個人心理學」理論體系。這套體系幾經發展後，便成了今日的阿德勒心理學。

第一次世界大戰結束，奧地利成為戰敗國，在快速民主化的過程中發生了各式各樣的問題。於是，阿德勒特別在教育方面傾注心力，在維也納設立了世界第一所兒童諮詢中心，同時也對實驗學校的營運貢獻良多。

● 阿德勒心理學也能應用在精神醫學、教育、商業領域

1937 年，阿德勒 67 歲的時候，在準備前往蘇格蘭演講的途中心臟病發而死。之後，阿德勒的眾多學生繼承了他的理論和實踐方法，才讓他的學說得以融入現代精神醫學、心理學、社會教育、學校教育、家庭教育等各個領域。

近年來，阿德勒心理學不只應用於日本的教育，在商業領域也逐漸展露出顯著的成果。今後，阿德勒心理學的理論和實踐方法，肯定會在人類相關的各個領域課題中，更加發揚光大。

別再用賞罰教育控制別人了，我們應當傾盡全力引導出每個人的無限潛能。

快速掌握本章重點

這一章的主題是如何與自己相處，比如該
怎麼控制情感、要如何面對自己或對方的
怒氣、怎樣才能擺脫猜疑和負面情緒、如
何處理自己的人生課題等，介紹面臨各種
狀況時的具體思考方法和解決之道。

這種時候最有用！

☐ 無法控制自己的情感
☐ 想要從憤怒中解脫
☐ 想改善自己的悲觀傾向
☐ 想好好思考自己的人生課題

第 2 章

自我的心理學

～與自己的相處之道～

情感的任務和目的

想要了解自己，最重要的是先了解自己的情感。學會用客觀的角度來看待情感吧！情感有以下三種功用。

1　情感與身體、思考、行動息息相關。

2　相對於負責思考的「理性線路」，情感負責的是「非理性線路」。

3　情感負責為行動提供燃料。

情感和思考的關聯

當事情違反了我們的觀點時，憤怒的情緒一湧而上，這證明我們的思考和情感是互相連結的。

情感和行動的關聯

「人不是因為悲傷而哭泣，是因為哭泣而悲傷。」(威廉‧詹姆士)

這句話的意思是，不是「悲傷」的情感引導出「哭泣」的行為，而是「哭泣的行為引導出悲傷的情緒」。

同理，也可以說「人不是因為快樂才歡笑，而是在歡笑中不由自主地快樂起來」。

我們在日常生活中，也會因為採取積極的行動而感到開心；但遇到非做不可卻無心處理的事情，或是試圖拖延不想做的事，就會覺得坐立難安吧。

由此可見，情感與身體、思考、行動都是息息相關的。

什麼是殘缺性、自卑感、自卑情結？

這些是阿德勒心理學當中，最常出現的三個與自我否定相關的用詞。以下就依序說明它們的意義。

自我否定的三大詞彙定義

殘缺性：身體器官具有客觀的殘缺性質。

自卑感：主觀上認定自己有部分性質劣於其他人。

自卑情結：宣揚自己的缺陷，藉此逃避人生必須面對的課題 (人生課題)。

接下來再說明得更詳細一點吧。

殘缺性

阿德勒將身體的感覺器官、內臟或骨格等與生俱來的身體缺陷，或是在人生中突然遭遇的生理障礙，都稱作「器官殘缺性」。

其實阿德勒自己也飽受「佝僂病」之苦呢。

自卑感

很多人都認為自卑感是與他人比較後的感受，不過在阿德勒心理學中，因自己的理想和目標不切實際而產生的陰性感情，都稱作自卑感。

殘缺性和自卑感的差異，在於「殘缺性是身心的客觀事實」，「自卑感則是感到自己低劣的主觀意見」。

現實和理想的差距讓人苦不堪言

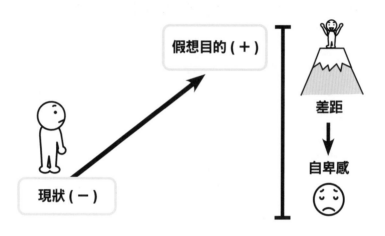

假想目的（＋）

現狀（－）

差距

↓

自卑感

有些人客觀上並沒有缺陷，卻覺得「自己很差勁」；不過也有人客觀上有缺陷，但內心並不覺得自卑。

自卑情結

在阿德勒看來，自卑情結是一種「異常的自卑感」，而且
「幾乎算是一種病症」，是「自卑感的過度延伸」。

> 自卑情結就是為了找藉口逃避自己的人
> 生課題，而宣揚自我缺陷的態度和行動。

重點建議

自卑情結的反面是「優越情結」。
這是一種宣揚自我優勢的態度，但追根究底和自卑情結一
樣，都是缺乏勇氣的表現。

 我可是一流大學畢業的……

 我認識很多名人……

停止臆測
─ 認知論與基本謬誤 ─

我們所有人都是用自己的主觀解讀來掌握事物 (認知論)。
而這種對自我和世界 (人生、他人等等) 的特有觀點、思維、價值觀，就稱作「個人邏輯」。

個人邏輯

- 個人邏輯是當事人特有的一副眼鏡。

- 阿德勒心理學主張，不論是積極還是消極的人，都是用扭曲的觀點看待事

在個人邏輯當中，以特別偏差的思路阻礙了自己生活、還與周遭發生衝突的觀點，稱作「基本謬誤」。
基本謬誤又可分為下頁五種類型。當我們陷入困境時，思路往往會受到這些謬誤影響。

看看你是不是也犯了這些錯誤吧！

五種基本謬誤

妄下定論
擅自將可能性視為定論。

> 那個人一定很討厭我！

誇大
小題大作、誇大事物。

> 身邊的人總是否定我的全部……

斷章取義
只截取部分事物，忽略重要的另一面。

> (不顧順利完成的部分)
> 完蛋了，全部都搞砸了！

以偏概全
只要一部分沒做好，就認為其他也都做得不好。

> 全部都不行！

錯誤價值觀
找不到自己的價值，絕望地認為「我沒有資格活著」。

> 我失業了，活著也沒用。

抽離不當臆測的三個方法

當我們陷入不當的臆測時，可以用三種方法培養共通感，好幫助自己抽離。

共通感是指在自己和大家眼中健全且有建設性、符合現實的思慮。

如果要培養共通感，平時就得實踐阿德勒經常力行的「用他人的角度觀看、用他人的角度聆聽、用他人的心感受」。

如果你常常因為猜疑而感到沮喪，最好先記錄自己何時會產生這種感受。

記錄方式範例

我的特徵

● 肚子一餓就會覺得自己快要死了……

● 看見有人在說悄悄話，就會覺得他們是在說我。

● 要是不小心露出自己的大肚皮，就覺得彷彿有人罵我「肥豬！」

如何培養共通感？

1 **懷疑「真的是這樣嗎？」**
懷疑事實是否真如自己所想，設法找出證據。

2 **提醒自己「我又做這種事了」**
養成提醒自己的習慣。覺得自己好像又陷入基本謬誤時，要說「怎麼又做這種事了！」

3 **能夠有建設性地思考**
覺得自己似乎又要開始鑽牛角尖時，讓自己往有建設性的方向思考，像是「要怎樣才能解決？」「該怎麼做才能面向好的方向？」

也可以觀察你身邊的人，看看那些情緒穩定的人是怎麼行動的。

憤怒從何而來？

所有情感當中，最難控制的則非「憤怒」莫屬了。只要我們了解憤怒的結構，就能客觀地看待憤怒。

憤怒不可能單獨成立，只是某種情感藉由憤怒的形式表現出來而已。

憤怒是為了達成目的

- 憤怒當包含了當事人覺得「應該如此」或「必須如此」的固有思想和信念。

- 如果有人讓事情變得不符合這種「應該」和「必須」，就會引發當事人的憤怒情感。

最好養成反問自己「為什麼要生氣」的習慣喔！

憤怒最常見的四個目的

①**控制**：發生在親子、主管和部屬、師生關係。

②**企圖掌握主導權**：發生在夫妻、同事、朋友之間的關係。

③**保衛權利**：發生在隱私曝露或遭到侵犯、危害人權的
　　　　　　　場面。

④**正義感的發揮**：展現正義感：對不守規矩的人發怒。
　　　　　　　　　也包含以上三種目的。

重點建議

憤怒的對象大多是別人，不過有時候也可能是自己。對
自己生氣的時候，就會產生「極度討厭自己」或「自責」
的念頭。

憤怒是二次情感

憤怒之所以無法單獨成立,更詳細的解釋如下。

- 憤怒背後都潛藏著不安、寂寞、悲傷、擔憂、沮喪等情感。

- 上述的情感都稱作一次情感。

- 無法藉由一次情感獲得滿足的人,多半會利用屬於二次情感的憤怒來面對他人。

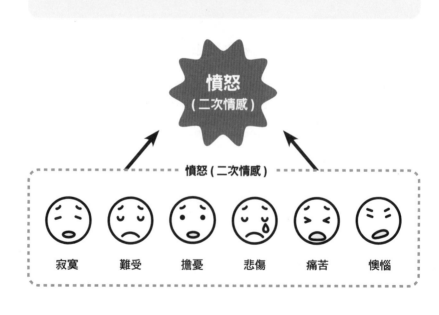

寂寞　　難受　　擔憂　　悲傷　　痛苦　　懊惱

藏在憤怒背後的情緒

舉例來說

「你怎麼又遲到，到底要我說幾遍！怎麼都學不乖啊！」

這股憤怒的背後是什麼？

> ・已經提醒過對方卻不見成效的「氣餒」。
> ・「身為主管的自己可能會因此遭殃」的「不安」。
> ・「擔心」總是無法獨當一面的部屬。

憤怒的背後，都像這樣潛藏著各種不同的一次情感。不妨換個說法，表現出藏在憤怒身後的情感(一次情感)吧。

「○○○，上次已經告訴你要提早十五分鐘到公司了，但你今天還是遲到，實在太令我失望了。你並不是一無可取的員工，但要是再這樣下去的話，可能就沒人敢信任你了，將來會變得很辛苦喔。」

怒罵只會讓人覺得討厭。只要確實表達出自己真實的情感，一定能讓對方感受到你為他著想的心情。

再舉另外一個例子。

「你怎麼又應酬到半夜還不打電話回家？別太過分了！」

這名妻子的憤怒背後是什麼？

・辛苦張羅飯菜，卻白忙一場的「傷心」。
・一個人獨自吃晚飯很「寂寞」。
・「擔心」對方是不是遇到意外事故。

只要換句話說：

「今天怎麼又半夜一點才回來啊。我自己一個人吃飯很孤單，而且你都不打電話回家，害我擔心你是不是發生什麼事了。」

不必話中帶刺，也能立刻讓對方了解自己的心情。

憤怒是因為某個契機 (狀況) 而製造出來的情緒，以某種意圖 (目的) 用在特定的對象上。如果我們內心想要達到某個目的，「憤怒」並不是個有建設性的好選擇。

重點建議

憤怒雖然可以立即見效，但多半只會讓對方想要盡快了事而決定忍耐一時。

如果你希望達成某個目的、想讓對方接受你的意見，將一次情感直接傳達給對方，反而比憤怒更有效、更有建設性。

有火氣上來時，先深呼吸一下吧！

諸事不順時，
與其追究原因不如凝視目的
─ 目的論 ─

當我們的生活遇到解決不了的問題時，往往都會試圖尋找原因，但就算找出原因，也無法解決問題。這種時候，可以試試阿德勒心理學主張的「人的行動包含了他以個人意志決定的目的」，試著以著重未來而非過去的目的論來思考吧！

原因論

「會變成這樣都是那個人的錯！」
→試圖尋找犯人。

「因為我那個時候做了那件事，所以才會失敗。」
→有否定人格的疑慮。

「要是再多努力一點就好了。」
→產生後悔的念頭。

目的論

「這個工作的目的究竟是什麼？」
→不怪罪別人，把事情當作自己的課題。

「要怎樣才能達到目的？」
→輕鬆就能找出應對的方法。

「既然如此，我現在能做什麼？」
→與相關人士互相信賴，邁向未來。

「原因論」和「目的論」的差異

原因論 <追求原因、結果>	目的論 <追求目的、手段>
過去的原因影響 到現在的發展 [過去導向]	現在訂立未來的目標 [未來導向]
無關個人意志 [缺乏個人立場、沒有主體性]	關乎個人意志 [有個人主體性]
認為自己是環境的被害人、 犧牲者 [被害人、犧牲者意識]	能明白自己是有創造性的 當事人 [當事人意識]
壓抑自己的勇氣 [喪失勇氣]	能為自己培養勇氣 [激發勇氣]

只要習慣凡事著眼於目的，就能逐漸拓展光明的未來！

而且也不會再怪東怪西的了。

將負面情感切換成正面的方法

例 1　**看到對手通過考試門檻，覺得很不甘心、很嫉妒。**

向希望獲得大家祝賀的對手說聲「恭喜」，再嘉許能夠克服妒意說出「恭喜」的自己。

例 2　**覺得對方好像對自己心懷不滿。**

相信對方是期待自己、信賴自己才會感到不滿，並提醒自己要採取值得信賴的行動。

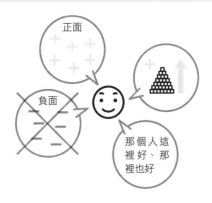

例3　　長期與家人不合，積怨已久。

相信自己很快就會釋懷，即使還無法原諒對方，也要告訴自己「沒必要繼續在痛苦裡煎熬」，放過自己。

例4　　遲遲無法決定出路，
擔心未來發展而不得好眠。

相信自己「一定可以開拓未來」，以樂觀、肯定的態度面對未知的未來。

我們都可以自主決定人生的方向。
只要善用這個方法，我們隨時都能擺脫「不安」和「憤怒」。

現實和理想的差距讓人苦不堪言

1 日常生活順利或不順利、成功或失敗的時候,你對自己說過哪些「正面的話」和「負面的話」呢?試著寫下來吧。

2 然後,把這些負面的話都改寫成正面的話。

正面	負面

對自己說的負面話語和正面話語的範例

負面話語範例 ☹	□ 這實在是糟透了…… □ 算了吧 □ 到處都是討厭的傢伙 □ 我真是個沒用的人 □ 人生無聊透頂 □ 為什麼每次都會吵架啊 □ 真想從此消失在這個世界上 □ 又搞砸了…… □ 反正一定不可能那麼順利 □ 我的身材真爛…… □ 我就是很在意別人的眼光 □ 怎麼可能會有人喜歡我 □ 下一次肯定也會失敗
正面話語範例 ☺	□ 事情果然很順利！ □ 人生總有辦法！ □ 沒什麼大不了的！別在意！ □ 慢慢來吧 □ 不管順不順利都沒關係 □ 我已經盡全力做到最好了 □ 我超好運！ □ 我一定會度過難關的！ □ 大家都對我很好！ □ 最近我的打扮品味變好了 □ 這髮型真適合我 □ 成功了！很好！ □ 今天一定也是美好的一天！

無時無刻順從內心的聲音

人只要活著，就會有心境正好的「向陽狀態」和心境不佳的「背陰狀態」。每當這個時候，我們該用什麼心態面對才好呢？

心的向陽狀態

- 活力充沛地主動採取行動。
- 就像在晴天登山一樣，可以一步步成功往上挑戰。
- 以最理想的狀態自信滿滿地活動 (as if)。
- 為了拓展人脈和追求想要的事物而積極活動。

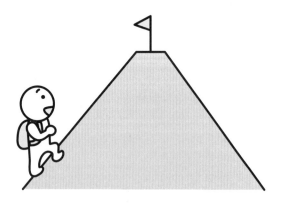

向陽時的心理準備 · 背陰時的心理準備

向陽時的心理準備	背陰時的心理準備
巔峰、順利、活動的時候	逆境、不順、停滯的時候
1. 活動的好時機 2. 上坡的感覺 3. As if (彷彿……一樣) 　 的心境 4. 感受 Having (擁有) 　 的幸福	1. 培養 (充電) 的好時機 2. 下坡的感覺 3. Even if (就算……也無妨) 　 的心境 4. 感受 Doing (貢獻) 的幸福

心的背陰狀態

· 適合充電的時機，別給自己增加過多負擔。

· 想像自己置身於雨中的山路，最保險的做法就是下
　山。

· 回歸平常的自己，安穩地度日。

· 為人著想，注意保持親切的態度。

不必勉強控制自己的心，
順從內心的聲音並呵護它吧。

當你自怨自艾的時候

● 坦然接受悲慘的自己

你曾經和別人比較過後，覺得自己沒用到極點了嗎？

當我們將自己與所屬的集團、組織互相比較之後，體會自己有多麼微不足道時，就會產生這種悲慘的心情。

這種時候，我們該怎麼辦呢？

首先，就算你覺得自己悲慘，也不必強迫自己改善，只要坦然接受這個自己就好了。

因為在這份心情中，仍然潛藏著你的驕傲和自尊。

讓自己的內心始終懷著這股藏在悲慘中的驕傲、自尊和懊悔，才能激勵自己。當我們受到激勵而採取的行動，就是讓自己成長的原動力。

自卑感也是一樣，正因為我們想要活得更好，所以才會產生自卑的感受。

我們隨時都能重新出發

我們在人生中，偶爾也會有自怨自艾的時候。
但這就是人生。

只要不去阻撓別人、不苛責自己、不為周遭帶來麻煩，我們隨時都能夠靠自己的力量重新站起，昂首闊步。

沒事的。
會好起來的。

何謂人生課題？

「人生課題」是阿德勒心理學中最常出現的詞彙。所謂的人生課題，就是我們在人生中不得不面對的各種課題。

舉例來說……

· 在工作上，主管和部屬必須共同商討出結果。

· 在人際關係上，我們必須和鄰居及生活周遭的人建立良好的互動。

· 在家庭上，最重要的就是培養良好的夫妻關係，還有陪伴孩子的時間。

我們在生活的各種場景，一定會遇到不得不自行應對的課題。這些就是人生課題。

阿德勒把人生課題一共分成工作、交友、愛情三大類。

工作
(Work)

需要承擔職責、義務、
責任的生產活動。

交友
(Friendship)

與周遭大眾的互動。

愛
(Love)

以情侶為基本，包含
親子在內的家庭關係。

此外，阿德勒心理學還增加了「自我」與「精神」二個
課題 (參照 83 頁)。

努力達成工作、交友、愛情的課題吧

人生課題主要有工作、交友、愛三大要素。這裡就來詳細解說三大課題的內涵。

工作的課題

工作課題＝我們的所有生產活動

· 所有生產活動都屬於工作課題。

· 不只限於職業，而是泛指我們以不同的角色從事的所有生產活動。

> 對有職業的人而言，工作課題就是他的職業；對學生而言就是學業，對主婦而言則是家事和育兒。

生活在社會上應負的義務和責任，也是工作的課題

· 只要我們活在社會上，就有應負的義務和責任，這些也是工作的課題。

> 遵守法律、投票選舉等政治活動、社會上各種風俗習慣，這些全都包含在工作課題裡。

與自然環境的關係也是工作的課題

· 清潔環境、愛護動植物等等，凡是與人類以外的自然和環境互動，也都是工作的課題。

● 玩樂也是一種工作

· 玩樂也可以算是工作的課題。

· 不只是孩童，大人的玩樂也是很重要的活動。

· 正因為有休閒娛樂，我們才能順利進行其他活動。

玩樂也是工作的一種♪

這麼一想就覺得輕鬆很多吧。

工作的課題非常簡單

· 與其他課題相比，工作的課題不必與其他人拉近距離就能解決，相當簡單。

· 如果無法滿足工作的課題，通常代表問題異常嚴重。

· 無法完成工作課題的人，其他課題也難以成功。

交友的課題

◯ 交友課題＝與他人來往

· 交友的課題，就是如何與他人來往的課題。

· 問題在於如何與職場主管、同事或部屬、友人、鄰居來往。

◯ 交友的課題比工作課題更困難

· 交友的課題比工作課題更需要關懷身邊的人。

· 交友的課題難度較高，不擅長的人也很多。

· 如果交友課題能順利解決，代表自己已經學會在生活中與其他人互相尊重、信賴、合作。

重點建議

沒有工作意願、只是一味和朋友玩樂的人，這種酒肉朋友並不是真正的人際交流。我們經常在街上看到三五成群的小混混，他們之間也沒有人與人應有的交往，一旦對方失去利用價值，就會馬上絕交。因此，我們一定要慎選對象，培養深入的交友關係。

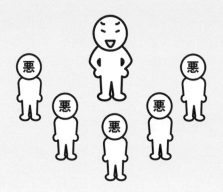

如何面對生活型態和人生課題，足以決定我們的人生喔！

愛的課題

● 愛的課題＝異性關係 ‧ 家庭關係

‧ 愛的課題是由異性關係與家庭關係所構成。

‧ 最好將這二者視為一體，不要分開處理。

● 性別關係也屬於愛的課題

‧ 所有與性別相關的事都是愛的課題，像是與異性交往、
選擇配偶、婚姻生活、性生活等等。

‧ 意識到自己的性別角色、性別方面的價值觀，也是愛情
的課題。

● 性別關係是最難以實現的人際關係

‧ 在性別的人際關係裡，雙方必須擁有最親密的溝通並互
相扶持。

‧ 愛的課題是最困難的人生課題。

‧ 愛的課題需要在性別關係中維持極度親近的人際距離。

如果想有建設性地處理
這道課題，必須要有很大
的勇氣，也需要和對方共
同達到最大限度的合作。

看現在離婚
率 這 麼 高，
也證明它有
多困難了。

現代的愛的課題愈趨複雜

- 現代的愛的課題已隨著價值觀的轉變而愈來愈複雜。

- 近年來倡導男女平等，使得男女關係的狀態瞬息萬變。

- 在「性解放」觀念的影響下，現代人很容易只注重性所帶來的愉悅，忽略性關係也是一種人際關係。

- 利用性別差異展現自己的力量、控制對方的傾向依舊根深蒂固。

家庭裡的人際關係也是愛的課題。夫妻關係、親子關係、手足關係、與岳父母的關係，全部都屬於愛的課題。

給你的人生課題打個分數

依你自己的滿意程度,在以下的人生課題表中打分數,然後畫線把點數連起來吧。

工作的課題
職業、學業、家事、育兒等講求角色、義務、責任的事務。

交友的課題
像朋友或職場同事等等,與關係持久但並非命運共同體的人之間的課題。

愛的課題
夫妻或親子關係,和命運相伴的人之間的課題。

精神課題
包含透過冥想、對大自然的敬畏而產生的感觸,具有宗教色彩的課題。

自我課題
讓自己快樂的嗜好、休閒和健康方面的課題。

自我課題

- 又稱作休閒課題。
- 與自己相處＝自我課題
- 與生產力和競爭幾乎無關的玩樂課題＝休閒課題

> 放鬆身心、健康、嗜好、玩樂都包含在內。

精神課題

- 與超越自己 (人類)、更高尚的存在交流。
- 透過與大自然、神祇、宇宙的交流，思索人生的意義。

> 冥想、祈禱、宗教儀式、對自然的敬畏都包含在內。

你畫好自己的人生課題現狀圖了嗎？

請一定要記住，只要養成思考的習慣，針對每一項課題詢問自己「現在需要的是什麼」，就能有效提升滿意度了。

快速掌握本章重點

這一章要來介紹人際關係的培養方法。透過人際關係狀態檢測表、六種改善人際關係的態度、擅長溝通的祕訣、稱讚可能會有的反效果、應對人際關係衝突的方法等等,更進一步了解人際關係的結構,以及逐漸改善關係的方法。

這種時候最有用!

☐ 想了解自我狀態的時候。
☐ 煩惱自己無法順利與他人培養互信關係的時候。
☐ 想要學會如何順利與他人溝通。

第3章

人際關係的
心理學

～與他人的相處之道～

[了解自己人際關係現狀的檢測表]

現在的你，和身邊的人擁有什麼樣的人際關係呢？

以下各項目皆有「符合」、「稍微符合」、「不符合」的選項，請依照自己的狀況勾選後計分，「符合」可得 2 分、「稍微符合」得 1 分、「不符合」則是 0 分，合計後算出自己的總分吧。

		符合	稍微符合	不符合
1	最討厭吵架，渴望和平與安寧。			
2	被人批評或拒絕，就會覺得自己整個人都遭到否定。			
3	會不自覺地用「想討人喜歡」、「不想被討厭」的心情行動。			
4	會下意識觀察別人的臉色，照顧別人的心情。			
5	要是惹得對方不高興，就會感到自責，嚴重者還會反過來數落對方。			
6	無法拒絕別人的要求，後悔接下不想做的工作。			

7	太過盡責，結果導致身邊的人都想依賴你、覺得拜託你是理所當然的事。			
8	覺得對方或別人的讚美和誇獎是最好的回報。			
9	連自己責任範圍以外的事也要插手，一旦沒有盡到責任，就會感到惶恐或是產生罪惡感。			
10	對所有人都用同一種討好方式，結果被説是「八面玲瓏」的人。			
	部分合計			
	總計		分	

總分 14 分以上的人

你非常希望別人能喜歡自己、想討人歡心，有自我犧牲的傾向。你是否曾因為太在乎別人而讓自己痛苦不堪呢？他是他，你是你。如果你想建立舒適的人際關係，得從照顧自己真正的心情開始做起。

總分 8 ～ 13 分的人

你很在乎對方高不高興，總是會先察顏觀色，有輕微自我犧牲的傾向。別害怕拒絕別人，鼓起勇氣找回自信吧。能夠自然而然地接受或拒絕對方，才是真正良好的人際關係。

總分 7 分以下的人

你沒有犧牲自己的壞習慣，人際關係非常健全。就照著這個步調繼續拓展更廣闊的人脈吧。

用三階段深入人際關係

人際關係的深度共分成三大階段。培養人際關係要先與陌生人互動，久而久之心理上的距離愈來愈近，關係才會更加深厚；也就是以「互動」、「連結」、「羈絆」的順序逐漸深入，拉近心理距離的過程。

1　「互動」階段＝「工作關係」

· 相敬如賓的關係。

· 彼此之間雖有適度對話，但畢竟只是一種職責上的關係，職責一旦結束，關係就會消失。

· 伴隨義務感的交流模式。

· 凡是職場上遇到的人，一開始都只處於剛認識的「互動」程度。

2　「連結」階段＝交友關係

· 人際關係加深以後，就會進入第二階段的「連結」程度，也就是一種交友關係。

· 和對方屬於同一職場，經常把酒言歡，或是家人之間也有來往，就等於進入這一階段。

· 能向對方說真心話，也經常有情感上的交流。

· 偶爾會吵架。

· 發展出超越職責、義務的交流。

人際關係的深度

遠	← 心理距離 →	近
低	← 接觸頻率 →	高
小	← 影響力 →	大

互動　　　連結　　　羈絆

熟人	朋友	知己
(工作關係)	(交友關係)	(命運共同體)

3 「羈絆」的階段＝愛情關係

- 三個階段中人際關係最深、心理距離最近、接觸頻率最高、影響力最大的階段。
- 擁有超越利益、職責的交流。
- 彼此是命運共同體。
- 要是失去了對方，人生就會大不相同＝「知己」。
- 情人和伴侶都是從「互動」(熟人) →「連結」(朋友) 發展成「羈絆」的關係。
- 相識後結婚的男女一旦生下了孩子，必定會進入命運共同體的「羈絆」階段 (為了孩子著想而培養出完全無關利益的關係)。

六種改善人際關係的態度

想建立良好的人際關係，最重要的就是這六種態度。只要擁有這些態度，這世上就再也沒有你應付不了的人了。來看看你能擁有幾種態度吧！

尊重

雖然大家的年齡、性別、職業、角色、興趣都不盡相同，但每個人都有人類應有的尊嚴，必須以禮相待。

信賴

· 學會找出對方行動背後的善意。不求證據、無條件相信對方。

· 能分別看待行為與行為者。

合作

要是和夥伴擁有相同的目標，就一起努力解決問題。

共鳴

關心對方身處的狀況、思維、意圖、情感等等。

  用他人的角度觀看、用他人的角度聆聽、用他人的心感受！

平等

接受每個人的差異，承認彼此是平等的存在，容許每個人擁有最大限度的自由。

寬容

· 明白自己的價值觀並不是絕對的標準。
· 別用自己的價值觀衡量他人或強加於人。
· 坦然接受別人的意見，別把它當作批判或責備。

擅長溝通的人的特徵
─ 善於觀察 ─

溝通的英語寫作communication，可以拆解成com ＋ unication。com是帶有「互相」含義的字首，unication則是「結交」的意思。換句話說，溝通就是「互相結交」，而不是單方面說話。

擅長溝通的人有二個特徵，即是「善於觀察」和「善於聆聽」。首先，我們就從「善於觀察」開始說明吧。討人喜歡的人往往會仔細觀察對方，而觀察有以下二個重點。

觀察的二大重點

1 言語的要素……話語本身、說話方式、音量大小、音調高低、語速等等

> 確實掌握對方說話的狀態，是豪邁直爽、還是無精打采。

2 非言語的要素……表情、視線、舉止、姿勢、呼吸速度等等

> 看對方是否有雙手抱胸、傾身說話之類的動作。

察覺對方變化的重點

察覺對方的轉變也很重要。這裡也同樣可以從言語和非言語的要素來解讀。

1　言語的要素

原本還很豪邁地大聲說話，說到一半卻突然壓低音量。

> 想說悄悄話，或是沒什麼自信的表現。

原本話還說得很慢，卻突然加快速度。

> 正在說謊，或是焦慮的表現。

2　非言語的要素

起初還緊握著手，後來肢體動作卻豐富了起來。

> 感到緊張，或是心情變得積極的表現。

本來還傾身與人交談，後來卻往後靠到椅背上。

> 從興致勃勃變得有點厭倦。

擅長溝通的人的特徵
― 善於聆聽 ―

擅長溝通的人還有另一個特徵，就是「善於聆聽」。

「聽」又可以分為以下三種。

要獲得對方的信賴，最重要的就是保有「聆聽」的姿態。

三種「聽」的不同

聽		
聽聞	・精神不太集中，在潛意識、消極或被動的狀況下聽。 ・無特定對象，隨意聽著傳入耳中的聲音 (聽得見的聲音)。	☺
聆聽	・精神集中，在有意識、積極或主動的狀況下傾聽。 ・全神貫注、鉅細靡遺地傾聽。 ・在關心對方興趣的狀態下傾聽。 ・不時夾雜著詢問、配合對方的步調來傾聽。	☺
打聽	・詢問自己有興趣的事。 ・質問、盤問。 ・依自己關心的方面向對方提出許多疑問。	☺

善於聆聽的八大重點

重點在於要察覺對方的變化，而這種變化可以分別從言語、非言語兩方面的要素來解讀。

1　用比對方稍微收斂一點的姿勢聆聽

動作太「端正」會令人緊張，太放鬆又會讓人覺得你很自大。

2　用比對方稍有禮貌的態度聆聽

過分恭敬或裝熟，都會讓對方敬而遠之。

3　依自己和對方的關係拿捏距離

和對方熟識的話大可靠近一些，不太熟的話就保持適當的距離。

4　注意表情要配合話題

如果是有趣的話題，表情就開心一點；若是悲傷的話題，表情就難過一點。

5　視線落在對方的喉嚨到胸口之間

直視雙眼容易使對方緊張，東張西望又會給人不安分的印象。

6　不打斷對方的話，適度幫腔

適度運用「原來如此」、「這樣啊」、「然後呢」來幫腔。

7　提問來引導對方說話

像是「那是什麼時候的事？」「你最有印象的是什麼？」「然後怎樣了？」等等。

8　向對方確認話題的要點

「是○○嗎？」(複誦)
「是指○○嗎？」(明確化)

信賴關係必備的「共鳴態度」

關心對方興趣的態度，就稱作「共鳴態度」。擅長溝通的人都能把對方視為主角，這就是共鳴態度。

擅長溝通的人的特徵

1
善於觀察

＋

2
善於聆聽

擁有共鳴態度

如果想學會溝通，就要像上圖一樣努力做到善於觀察＋善於聆聽＋共鳴態度。

稱讚有時也會造成反效果

「做得好」、「你真了不起！」你有沒有說過這些稱讚的話，但對方卻不太領情的經驗呢？只要了解稱讚和激發勇氣之間的差異，你就會知道它背後的原因了。

稱讚話語的特徵

· 稱讚的話乍聽之下是種正面的訊息，但其實說者採取的是評價對方的態度，是由上往下的角度來對對方說出的話。

· 聽者可能會因著自己的心態，變得不肯做無人在意的事，或是只肯為了博取讚美才行動。

你真了不起

做得好

你真努力

激發勇氣的話語特徵

· 能給予對方克服困難的活力。

· 有尊敬、信賴、共鳴為基礎。

· 對方會自主行動。

真高興你的願望實現了！

因為你很努力所以才有回報啊！

這次多虧有你幫了我大忙！

重點建議

稱讚的話可能會造成對方的壓力，但激發勇氣的話，能讓處與正面（＋）狀態的人變得更有活力，也能給處於負面（－）憂鬱狀態的人活力。

「稱讚」和「激發勇氣」的差別

	稱讚	激發勇氣
狀況	對方完成了自己期待的事(有條件)	不論對方是否成功(無條件)
關心	對說者的關心	對聽者的關心
態度	以上對下的關係給予褒獎	與真實的對方產生共鳴
對象	針對行動者	針對行動本身
後續效應	開始著重與他人的競爭、在意周遭的評價。	著重自我成長和進步,養成獨立性與責任感。
印象	可能只是嘴上說說	出自真心就能讓對方明白
持久性	只能擁有一時的滿足,難以產生明日的動力。	能激發明日的動力,持久性高。

培養自己引人注目的一面

Column

人的特點，就是不論是好是壞，都會設法展現自己想引人注目的那一面。好比說一個人愈是遭人批評，就會愈想突顯自己被批評的部分；反之，如果大家都注意他好的一面，那一面就會發展得更加出色。

不論是職場的從屬關係、伴侶還是親子之間的關係，希望大家都能多注意、認同對方的優點，養成願意激發他人勇氣的心態。

不當行為	適當行為	
不當行為	**注意**……促進不當行為	
	忽略……促進適當行為	
適當行為	**注意**……促進適當行為	
	忽略……促進不當行為	

**不論是職場的從屬關係、伴侶還是親子之間的關係，
我們都要養成注重對方優點的習慣！**

同情也會打擊勇氣

● 重要的不是同情，而是共鳴

當你聽著別人聊經驗談時，有沒有浮現過「真可憐」、「好慘」之類的念頭？我們應該都曾經對這些事有過共鳴或是同情的時候。

但是，這二者有什麼不一樣呢？

阿德勒心理學當中，明確區分了共鳴和同情對人際關係的影響，並鼓勵大家採取共鳴的態度。他之所以不鼓勵同情，是因為同情偶爾會造成不良的結果。

首先，共鳴代表了自己和對方關係平等，互相尊重信賴；但同情是一種支配的關係，讓自己站在強大的立場上，將某些東西賜予弱小的對象。而且，同情也可能源於自己下意識產生的興趣和關心。

共鳴與同情

	共鳴	同情
關係	相互關係、互相信賴	支配—依存關係
關心	對方	自己
情感	由信賴而生 可自主控制	由憐憫而生 往往無法控制

如果站在共鳴的立場，我們便可控制自己的情感；但同情會讓我們心中的憐憫凌駕一切，使我們無法控制自己的情感。

同情別人很簡單，不過若要讓它停留在共鳴的階段，則需要強大的耐力和寬容。
這就是共鳴和同情之間的差異。如果要擺脫人際關係的煩惱、讓關係更圓滿，就學著用共鳴的心態與對方交流吧。

四種解決人際衝突的方法

我們在生活中，一定都會為人際關係的問題而煩惱。

不論是什麼樣的人，一定都會將喜歡的人、還好的人、討厭的人，以 2：6：2、2：7：1 的比例分類。這世上沒有大家都喜愛的人，也沒有大家都討厭的人。在我們的人際關係中，討厭的人或難以應付的人必定占據了一到二成的比例。

當我們因這些人而感到苦惱時，可以利用以下四種方法解決。

1 　將問題概略分成本質、瑣碎二大類

2 　區分事實和意見

3 　告訴自己「反正情況不會再更糟了」

4 　控制憤怒的情緒

後面就來依序說明這四個方法。

1　將問題概略分成本質、瑣碎二大類

● 本質的問題＝生活中本質的、無可避免的問題 (造成生命、財產、身體損失的主要原因)

> 攸關性命的事故、人壽保險、貸款、罹患重病等場合。

● 瑣碎的問題＝人生中無關緊要的小事、不足掛齒的問題

> ・不會影響到生命、財產、身體，置之不顧也無關痛癢的事。
> ・舉凡他人的批判、傷害自己自尊之類的事情。

有些人遭到斥責時，會產生非常激烈的反應，而情緒就會在這個過程中逐漸高漲，結果一發不可收拾。那些雞毛蒜皮的問題，大可當成真的雞毛蒜皮就好了，不必看得太嚴重。

把心力投注在會造成實際損失的本質問題上吧。

2　區分事實和主觀意見

你能區分事實和意見嗎？試著區分下面這句話的事實和意見吧。

「你真的很差勁，明知道我在等你回家，下班還跑去應酬。反正工作比我重要就對了。我對你失望透了！」

- 上述發言中的客觀事實只有「我在等你回家」以及「對方下班去應酬」。
- 「工作比我重要」並非事實，而是主觀意見。
- 「差勁」、「我對你失望透了」也是主觀意見。

我們的人際關係會出問題，是因為我們過於在意他人的主觀臆測，將之視為嚴重事端，才會感到苦惱而失去冷靜。

要學會冷靜看待主觀意見，把焦點放在事實上吧。

3 告訴自己「反正情況不會更糟了」

人際關係發生問題時，我們偶爾會過度糾結，甚至導致失眠。
在這種時候……

 「這樣下去是不是就再也無法挽回了？」

 「事情真是糟糕透頂！」

我們會把事情愈想愈糟。

不過，這終歸只是想像而已。
就算現實中發生了和想像類似的狀況，也不會衍生成最糟糕的場面。因為不論情況再怎麼嚴重，也不至於要了我們的命。
已經發生的事，再怎麼糾結也沒有用，我們只要面對現實就好。遇到困境的時候，就這樣告訴自己吧。

 「反正情況不會更糟了。」

 「反正又不是人命關天的事。」

4 控制憤怒的情緒

● **本質的問題＝生活中本質的、無可避免的問題（造成生命、財產、身體損失的主要原因）**
　　→不受對方的憤怒影響，冷靜以對。

當對方朝你大罵時，你是不是也會下意識發怒罵回去呢？

這種時候，不妨先深呼吸一下吧。

會以攻擊的氣勢勃然發怒的人，代表他很害怕，所以才會選擇用憤怒來表達自己的畏懼。因此，我們要是以牙還牙，反而會加深對方的恐懼，令他展開反擊。

這時我們就該這麼做。

> **保持心理上、物理上的距離，
> 冷靜應對。**

● 當自己感到憤怒的時候

→著重於目的「其實我想怎麼做？」

我們往往是因為無法釐清楚自己的感情，才會用憤怒來應對。倘若不盡快釐清自己的心思，最後就會造成糾紛。

如果你最終目的是要解決問題，就別放任怒火引發彼此的紛爭。當憤怒情緒湧上心頭時，先問自己「其實我想怎麼做？」找出真正的目的吧。

> ## 我們都能養成憤怒
> ## 但不流於爭鬥的心態

只要這麼一想，我們就會明白人際關係的紛爭並不是什麼大不了的事。
如果你能實踐這些解決方法，人際關係的煩惱一定會愈來愈少！

適當的距離是改善人際關係的祕訣
─ 課題的分離 ─

你有過這些經驗嗎？明明對方沒有拜託你，你卻想插手別人的課題，覺得「不幫點忙説不過去！」「他根本不可靠，我得幫忙解決才行！」或是自己遇到問題時，卻一味責怪別人「都是他害我變成這樣的」。

阿德勒心理學在人際關係方面有一個非常重要的概念，那就是「課題的分離」。

這個意思是指在自己和對方的關係裡，要確實區分對方的課題和自己的課題，並做到互不干涉。因為我們常常一不小心就越過了這條界線，所以才會造成人際關係的問題。

我得幫他解決才行

你不能做那種事

都是他害我變成這樣的

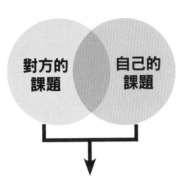

共同的課題

· 當對方找你討論或拜託你幫忙處理課題的時候。

· 自己與課題有關聯、自己也有責任的時候。

※ 但要注意不能過度干涉！保持明確的界線 (能做的事、不能做的事)。

只要想想課題屬於誰的、是誰要負起最後的責任，就能一目瞭然了。

快速掌握本章重點

這一章要來探討我們與工作的相處之道，舉出工作中容易遇到的狀況，以阿德勒心理學的概念教大家如何激發動機、如何說服對方、關注別人的重點、關鍵時刻的心理準備等技巧。

這種時候最有用！

☐ 想成為更稱職的領導者
☐ 無法順利指教部屬或同事的時候
☐ 想提升工作上的溝通能力

第 **4** 章

工作、領導者的
心理學

～與工作的相處之道～

激發動機的方法

幫對方激發的動機,又可分為「外在動機」與「內在動機」。如果要真正使對方行動起來,最有效的方法是激發他的內在動機。以下就來看看二者的差別。

激發外在動機,是指給予對方金錢上的獎勵、製造升遷機會,或是反過來威脅。意即透過實質的賞罰來操控對方行動的方法。

- 會讓對方覺得「自己受到管制」。
- 會和周圍的人形成競爭、敵對的人際關係,變得冷漠無情。

培養內在動機,是讓當事人自己湧現幹勁的方法。讓對方覺得自己有成就、有所成長、有能力,發自內心產生願意投入某件事的動機。

- 會和周圍形成溫暖、互助的人際關係。
- 阿德勒心理學的「激發勇氣」,即是指這種方法。

二種動機的差異

外在動機　來自外界刺激

● 為求回報而行動。
● 為了獲得經濟上的報酬或獎勵而行動。

內在動機　從內心油然而生

● 自主決定。
● 能獲得成就感、體會到自己的成長、感受到自己的才能。

賞罰規範會造成的問題

不論是社會組織還是兒童教育，通常都會設置賞罰規範以督促大家努力。但是，賞罰卻會造成意想不到的問題，它究竟會為我們帶來什麼樣的弊端呢？

假設老師利用賞罰來教育學生，往往會引發以下的問題。

□ 學生能夠分辨哪位老師賞罰分明，學會察顏觀色。

□ 學生會受到賞罰分明的老師影響，行為標準不一。

□ 學生只在意老師給予的評價，和同學之間容易產生競爭意識。

□ 固定的賞罰規則會讓學生愈來愈無關痛癢，倘若不提高賞罰的程度，就會失去成效。

□ 學生容易為了追求獎賞或是避免受罰，而做出不當行為。這種現象也會無端增加老師的工作量。

下頁有更詳細的說明，可以當作在公司、學校或育兒方面的參考喔。

獎賞的問題

1　受者的態度會因對方是否給予獎賞而異。

2　產生因為沒有獎賞而不想行動的傾向。

3　受者想要的獎賞程度會不斷上升。

4　獎賞會助長受者的不當行為。

5　獎賞會激發不必要的競爭、使人不願參與團隊合作。

懲罰的問題

1　只要施罰的人不在場，受者就會做出不當行為。

2　受者無法從懲罰中學會適當的行為。

3　懲罰和獎賞一樣，需要逐漸加重來獲得成效。

4　懲罰會打擊受者的勇氣，使他變得消極、產生依賴心。

5　施罰的人會遭到怨恨，使雙方關係變得惡劣。

〔 說服對方的方法 〕

當我們想要說服對方時，若是一味地闡述自己的論點，只會適得其反。其實要說服別人，必須先引起對方的共鳴。別急著把你想說的事或興趣一股腦地告訴對方，要先專注於對方的興趣→認真了解對方的狀況→再引導對方注意自己想說的事。

對方：「我想離開這個企劃小組。」

○ 有效的說服方法

自然而然地讓對方道出緣由
「這樣啊，可以告訴我為什麼嗎？」

尋求理由
「發生什麼事了嗎？」「嗯，還有什麼原因嗎？」

推測對方找自己討論的目的
・希望和人傾訴，好引起主管的注意？
・希望有人挽留他？

說一些對方可能想聽的話
「我們可以一起面對難關，再稍微加把勁吧！」

╳ 千萬不能說的話

「什麼？你好歹也考慮一下別人的立場吧！」
(直接道出自己的情況)

「竟然敢說這麼任性的話。我才希望你快點滾呢！」
(批判對方)

「你說這種話就太不慎重了。」
(突然發表自己的意見)

有效的說服程序

掌握狀況
(彼此對目標的看法一致)

共鳴
(關心對方有興趣的事)

說服
(引導對方接受自己的意圖)

提醒他人的三個目的

當孩子、部屬或朋友做出我們無法認同的行為時,會想要告訴對方自己的想法吧。這種時候,我們可以用「提醒」來取代憤怒的感情。而「提醒」這個行動,包含了三個目的。

1 為了讓人改善不好的習慣或行為

由於對方不知道什麼才是妥善的習慣和行為,所以才會一再重複做那些不好的事。因此,要讓他知道這件事不只是對他身邊的人,對他本身也會有不良影響,並指引適當的改善方向。

> 「這種行為會造成大家的困擾,而且大家也會因為這樣就忽略你的優點喔。」

> 不論基於什麼目的,都要相信對方有改變的可能。

2　為了讓對方更進步

不想讓對方總是待在同一層級裡，鼓勵他邁向更高的階段。

> 「其實你有無窮的潛能，只是安於現狀的話，那就太可惜了。」

3　為了幫助喪氣的人激發幹勁

人會因為各種理由而失去幹勁，所以要幫對方再一次激發幹勁。

> 「每個人都有不順利的時候。」

> 「我覺得這件事只有你才辦得到。」

只要我們能確實察覺自己的目的，就會知道以情緒斥責對方，只會造成反效果。人一遭到責罵，內心往往會充滿強烈的反抗之意。

提醒的行動除了上述三種目的以外，也能讓對方感受到你對他的期望和心意，可以加深彼此的信賴關係。

1　提醒別人是必要的。

2　但凶悍地斥責會打擊對方的勇氣。

3　所以關注別人時，要確實察覺自己的目的，採取適當的應對方法。

對人而言，最痛苦的事莫過於沒人在乎自己。

因此提醒對方，可以讓對方明白「他很關心我」、「因為他信賴我，所以才會這麼嚴厲」。

如此一來，對方就能感受到你這份出於信賴的關懷之情了。

提醒他人的三個目的

1 為了讓人改善不好的習慣或行為

2 為了讓對方更進步

3 為了幫助喪氣的人激發幹勁

讓對方明白你的期許，
可加深彼此的信賴關係。

提醒他人的重點須知

當我們要提醒對方時，必須遵守以下三道鐵則。

1　只能指教對方的「行為」，
不可否定人格

- 如果是「無心的行為」，只要本人有自覺且願意努力，就有機會改善。
- 但人格無法輕易改變。

2　與其探索原因，
不如了解對方行動的目的。

對方不見得清楚自己行動的原因。探索對方的目的或意圖，詢問他「你做這件事是希望得到什麼？」對方會比較容易答得出來，也能有效防止他再犯。

3 善用「我」所代表的訊息

當我們關心別人時，經常會不自覺使用「你」當主詞，
說出「你這個人……」這種帶有攻擊性的話。適量使用
「我」當主詞，將自己的心情傳達給對方。

「我」和「你」的訊息差異

「我」的訊息

包容的、共鳴的態度
「我希望你這次可以振作起來，
下一次別再重蹈覆轍就好了。」

闡述自我意見的方法
「我覺得可以改一下現在的作法，
試試其他方法也不錯。」

「你」的訊息

審判的、批判的態度
「都怪你做了那種事，才會造成大
家的麻煩。」

指責對方的說法
「你到底要固執到什麼時候！？
有夠差勁！」

在職場提醒員工的要點

主管提醒員工時，最好能找到好的時機以一對一的方式進行。
畢竟當眾斥責部屬，很容易傷害他的自尊心。

在團體中關注別人時，最好控制在以下四種場合中。

1　在生產或營業相關會議上，集體教育所有團隊成員時。

之類的場合上，具體列舉失敗的案例，目的是「讓大家記取教訓」，提醒在場的人掌握「失敗」這個學習的好機會。

> 在這種時候，最好事先告知當事人自己的意圖，以免過於唐突，也不會傷害當事人的自尊心。

> 如果你有很多想說的話，最好先歸納重點，並注意不要流於感情抒發喔！

2　被提醒的對象心靈夠堅強時。

像運動員這類型需要有人大聲激勵會更加成長的人，會比較有效。

3　出言提醒的人本身值得信賴、人品極佳。

有些人在團體中遭到不信賴的人斥責時，會覺得「他是故意要找我麻煩嗎？」

> 如果是平常就深受大家信賴的人出言提醒，受到關注的當事人以及周遭的人才會覺得「非改善不可」。

4　在團體中提醒對方後，
　　還要適當安撫對方的心情。

不要講完就算了，在提醒對方以後，最重要的是關懷對方的感受。

> 提醒對方後，再告訴他「大家可以從你的案例中學到寶貴的經驗，謝謝你」，這樣的謝辭也能起作用。

如何處理嫉妒或羨慕的情緒

● 嫉妒是不甘心、火大的心情，羨慕是嚮往的心情

你是否曾不自覺地嫉妒或是羨慕別人呢？

嫉妒和羨慕都是一種對別人眼紅，並自責無法像別人一樣的心情。

二者之間的差別在於，嫉妒只會看到對方不好的一面，「不甘心」、「火大」的情緒最終發展成憎恨；羨慕則是連對方好的一面也看在眼裡，並懷抱「希望我也能變成那樣」的嚮往心情。實驗學校的營運貢獻良多。

● 要有勇氣改變能夠改變的事物

當你對別人產生了「好羨慕」、「真不甘心」、「他明明就沒有我厲害，憑什麼過得比我好……」之類的情緒時，該怎麼辦才好呢？

首先，你要仔細正視自己的心情，並判斷它是否有改變的可能。像是年老、天氣、天災等等，都不是我們可以靠自身力量控制的現象。但就算我們年紀越來越大，只要注重健康的生活習慣，就能保持年輕的活力。遇到天氣或天災以前，我們也可以做好萬全的準備，防範於未然。

即便我們無法靠一己之力改變際遇，也依然能夠自主決定該怎麼面對這些事。我們對那些事有什麼感受，取決於我們自己的心境。

讓自己的心平靜下來，包容那些無法靠自我力量改變的際遇；鼓起勇敢，努力改變那些還可以靠自己改變的事物。當你湧現嫉妒或羨慕的心情時，一定要注重培養這些態度。

樂觀看待「關鍵時刻」

假設一個杯子裡裝了半滿的水，有人覺得「杯裡還有一半的水」，也有人覺得「杯裡只有一半的水」。這就是樂觀和悲觀之間的不同，以下就來解說二者的差異。

勇敢、能夠激發勇氣的人，會用樂觀的正向思維對待他人；不夠勇敢、洩氣的人，則往往抱持著悲觀且負面的思考方式。

此外，樂天和樂觀並不相同。可以參照下頁的表格，了解它們之間的差別。

尤其是我們身陷危機的時候，更要相信情況「一定會變好！」

不過，無時無刻都樂觀以對，又會顯得太刻意。最重要的是在「關鍵時刻」保持樂觀的態度！

悲觀主義

· 情況始終未見好轉，凡事都不順利，於是認定全都是
自己不好。

· 認為情況再好也無法持久，不過是一時運氣好罷了。

「樂觀主義」和「樂天主義」的不同

樂觀主義	樂天主義
能同時考慮好的狀況和壞的狀況。	相信以後只會發生好事。
明白事情可能會變好，也可能會變壞，所以會設想好因應的方法。	所有事情都只往好的方向思考，不想過度擔心，導致輕忽事態。
能處理棘手的事物。	只肯接觸自己有興趣的事物。
靠意志力行事。	依心情行事。
面對現實的樂觀主義者。	逃避現實的樂天主義者。

快速掌握本章重點

這一章要來探討親子和家人之間的相處之道，以阿德勒心理學特有的思維為基礎，具體說明我們如何建構自己的生活型態、手足關係和出生順序對成長與性格造成的影響、良好家庭和不良家庭之間的差異等議題。

這種時候最有用！

☐ 想了解自己的性格特性

☐ 想了解家人及身邊的人

☐ 想知道如何培養更好的親子、家庭關係

第 **5** 章

親子・家庭關係
的心理學

～親子、家人之間的相處之道～

何謂生活型態？

阿德勒心理學中經常出現的「生活型態」一詞，和我們一般所認知的稍有不同。二者間的差異是什麼呢？

生活型態＝生活方式、生活風格

阿德勒認為性格一詞，會給人一種「不易改變」的印象，所以將這種比性格更廣義、包含「自己的信念」和「對自己周遭世界的信念」的表現，稱作生活型態。

阿德勒的學生西德尼·M·羅斯，曾經問過阿德勒：「我們到了幾歲以後，才無法改變自己的性格呢？」他的回答是：「大概死前一、兩天吧。」

我認為性格也是可以改變的。

構成生活型態的三大要素

在阿德勒心理學中，生活型態是由以下三者構成。

1 自我概念

對自己現狀的信念。

> 「我是○○。」

2 世界圖像

對世界現狀的信念。

> 「世界 (人生、大眾、男人／女人、同伴) 是○○。」

3 自我理想

對自己、世界的理想。

> 「我想成為○○。」
> 「希望我心目中的人生 (身邊的人) 是○○。」

1　自我概念

假設有個人以奪牌為目標，多次挑戰奧運競賽。即使周遭的人口口聲聲說「不可能啦」、「你辦不到吧」，他也深信「我一定能成功！」

這種「我一定能成功！」的想法，就是那個人的自我概念。
反之，如果一個人的自我概念是「我真沒用」，那不論周遭的人再怎麼認同他的才能，他也會不斷否定自己，認為自己能力不足。

2　世界圖像

假設有個人心中的世界圖像是「不能相信別人」，那他就無法向周遭的人求助了。
反之，如果一個人認為「我身邊的人都很善良」，就會願意向別人伸出援手，也有勇氣向人求助了。

3　自我理想

假設一個人的自我理想是「永遠都要贏」，就會將身邊的一切都視為敵人，每天都活在與別人的競爭之中。反之，如果他的自我理想是「大家各自展現長處、共同發展」，就會逐漸和周遭的人建立互助合作的關係。

這些生活型態，都是我們本身不自覺在內心深處建立的公式。

生活型態是
能在重要時刻發揮作用的
個人辭典和地圖！

打造生活型態的方法

每個人的生活型態，都是由多種因素所構成。來看看有哪些具體的因素吧。

生活型態是如何決定的？

· 阿德勒心理學中，主張「生活型態是展現自我及世界的現狀、理想的信念體系」。

· 這種生活型態，大致可由包含遺傳、身體障礙等「身體的影響」，以及包含家庭和生長地區等「環境的影響」所構成。

阿德勒對生活型態的定義是「大家憑著對自己乃至人生各種疑難雜症的意見，或是自己不太清楚也無從說明、卻堅持遵守的活動法則而生活」。

生活型態的構成

1 **造成影響的主要因素**

1. 身體的影響

① 氣質的遺傳　② 器官殘缺性

2. 環境

① 家庭結構　　　　　② 文化

- · 兄弟姊妹
- · 出生順序
- · 競爭關係
- · 家庭價值
- · 家庭氣氛

身處的共同體中特有
的價值觀，以及其中
普遍的行為模式。

2 **決定性的因素**

本人的自我決定

最終仍由行為者本身自主決定如何行動

身體的影響

繼承自雙親的氣質、身體的感覺器官或內臟等障礙，都會影響一個人的一生。

環境—家庭結構

· 塑造一個人生活型態的過程中，環境方面的最先發揮影響力的就是家庭結構。

· 家庭結構即是指家人的配置圖，他在手足當中的出生順序 (在多少人裡排行第幾)、在手足之間的能力關係、父母秉持的價值觀 (家庭價值)、以父母為中心的家庭氣氛等等。

從夫妻在各自的原生家庭所受的影響，也能窺之一二。

環境—文化

- 環境方面的第二個發揮影響的則是地區性、民族性等等，也就是那個人身處的共同體中特有的價值觀和行為模式。

- 就好比美國和日本的文化差異，價值觀和行為模式會因身處的場所而異。

- 我們都深受自己所處的地方影響。

⬇

最終的生活型態，
仍取決於自己本身！

- 一個人會在上述的因素影響下反覆摸索後，潛意識開始重複同一種決定的模式。

- 大約在八歲到十歲期間，一個人特有的思維、感情、行為模式就會逐漸穩定下來。

手足關係造成的影響

兄弟姊妹的結構和家庭成員，都會對一個人的性格造成很大的影響。這裡就來具體說明它究竟是如何影響我們的。

深深影響個人生活型態的「家庭構造」

- 雙親、同居人、手足等家庭成員，尤其是指手足的人數、年齡差距、性別，就稱作「家庭構造」。

- 阿德勒心理學主張手足關係對於生活型態的形成，影響遠比親子關係更大。

- 孩子會透過家庭了解自己周遭的世界。

- 對世界的基本感受、觀點、態度，皆建構自家庭中。

父母或大人總會不經意地讓孩子彼此競爭

- 父母往往會因為自己的期許，造成孩子彼此競爭。

- 即使父母無意讓孩子們互相比較、競爭，也依然有可能讓孩子產生競爭意識，而父母完全不會察覺。

- 除了父母以外，親戚、朋友、鄰居、老師，都可能會在不知不覺中促使孩子互相競爭。

手足之間沒有培養出相同的技藝

- 孩子不願涉及其他兄弟姊妹擅長的事物。

- 孩子害怕一旦在競爭中落敗，就會失去父母的認同。

- 年齡相近的二個兄弟姊妹，會傾向於各自發展不同的活動領域。

- 假設有個孩子頭腦聰明，卻拿不到好成績，通常代表與他年紀最近的兄弟姊妹學業表現異常出色。

- 在幾乎不曾發生競爭的家庭裡，孩子的性格、能力、興趣都相去不遠。

父母的態度如何影響子女？

父母對孩子的態度非常重要。孩子會因為父母對待自己的方式，決定自己要扮演的角色，甚至連生活方式也會受到影響。那麼具體而言，父母是怎麼影響孩子的呢？

孩子藉由自己扮演的角色而逐漸塑造出生活型態

· 孩子會在手足關係中發揮自己的特長，好讓父母或大人接納自己。

· 孩子會在這個過程中，決定自己在家庭和社會裡應當扮演的角色。

· 於是，孩子會慢慢塑造出自己的生活型態。

· 孩子初期的人生戰略，就是「確保自己在家庭裡的位置」。

· 為了實行戰略，孩子就會選擇自己的角色。

父母的心態會對孩子造成什麼影響？

· 父母對孩子的期望或想法，會深深影響孩子如何決定自己要扮演的角色。

· 父母給孩子貼的標籤，像是「聰明的孩子」、「很害羞」等等，往往會讓孩子採取符合標籤定義的行動。

父母對待孩子時應當注意的地方

· 孩子偶爾會為了回應大人的期待，而誇大自己扮演的角色。

· 孩子可能會以為「如果沒有滿足大家的期待，就會遭到父母和大家拋棄」，而勉強自己。

· 孩子的人生經驗還很淺，視野還很狹窄，容易產生過度激烈的想法。

· 父母的期待有時會造成反效果。

· 疲於扮演「乖寶寶」的孩子，可能會故意表現出自己壞的一面、做出「壞小孩」的行為。

家中排行體現的性格差異

家中的排行會造成不同的性格傾向。而且，不只是實際上的排行順序，年齡差距、性別差異、孩子在心理上如何看待自己與其他手足的關係，都會影響到他們的性格。大致上，出生順序各有以下幾種特徵。後續會再進一步詳細說明。

老大

第一個出生，凡事都想當第一。

老二

稍後才出生，會拚命追尋目標。

中間子女

喜歡靠自己在人生中
闖出一條路。

老么

生來就是個備受寵愛
的寶寶，永遠坐在寶
座上。

獨生子女

巨人世界裡的小矮人。

家中排行的性格特徵檢測

這裡有幾份詳細的檢測表，部分項目的描述不一定精準，但可以作為了解自己或他人性格的參考。不妨做做看吧。

老大

☐ 總想成為眾人注目的焦點。

☐ 認為自己必須比弟妹更加優秀。

☐ 會力求公正，或是企圖掌控一切。

☐ 自尊心很高，會嫉妒比自己出色的人。

☐ 老二出生後，往往以為自己失去了大家的關愛。

☐ 會想仿效父母的行為，好吸引他們注意。

☐ 害怕失敗，一旦失敗，就會轉而採取不當行為。

☐ 會培養能力、採取需要負責的行動。

☐ 認為自己有責任幫助、保護弟妹。

☐ 希望 (符合大家的期待) 討人歡心。

老二

- □ 不太受到父母關注。
- □ 總是有條件比自己更好的兄弟姊妹。
- □ 試圖追尋老大的腳步並超越他。
- □ 如果老大是個「好孩子」，老二就會變成「壞孩子」或更好的孩子。
- □ 會努力鍛鍊老大沒有的技藝。
- □ 如果老大很成功，就會對自己的能力失去自信。
- □ 老三出生後，會承受很大的壓力。
- □ 有扯兄弟姊妹後腿的傾向。

中間子女

- □ 不像其他手足一樣有長處。
- □ 往往會覺得大家對自己不公平。
- □ 容易覺得自己不受關愛。
- □ 夾在兄弟姊妹之間，動彈不得。
- □ 覺得自己在家庭裡沒有明確的位置。
- □ 不是成為失去勇氣的「問題兒童」，就會打壓其他兄弟姊妹來助長自己。
- □ 擅長應付老大和老么，適應力極佳。

老么

□ 行為像個獨生子女，認為別人的能力比自己更強。

□ 需要執行事務、決斷、負責的時候，總想交給別人做。

□ 覺得自己特別弱小，無法嚴肅看待事物。

□ 期望別人幫助自己，以自己的作風成為家中的老大。

□ 有自卑感，偶爾會試圖打壓年長的兄姊。

□ 扮演類似嬰兒的角色，依賴別人照顧自己。

□ 如果處在三人子女的家庭裡，會和老大聯手排擠老二。

獨生子女

☐ 愛撒嬌。

☐ 喜歡與大人較量。

☐ 渴望成為注目焦點並樂在其中。認為自己得天獨厚。

☐ 自我中心，我行我素。

☐ 期望別人照顧自己，更勝於自行努力。

☐ 如果自己的作法無效，就會認為別人對自己不公平。

☐ 覺得自己有權採取自己獨特的作法。

☐ 不善於和同齡的人相處，卻很擅長應付大人。

☐ 喜歡做自己想做的事。

☐ 富有創意。

☐ 在團體裡會努力博取年紀最大的人認同，但不懂得如何與年紀最小的人相處。

☐ 通常會像老大一樣踏實努力，否則就會像老么一樣喜歡依賴別人。

深入了解家中排行造成的手足特性

前項的檢測結果如何呢？這裡會更詳細解說手足的特性以及容易採取的行動模式。如果你為人父母，除了可以藉此了解自己的特性以外，也務必作為養育孩子的參考。

出生排行會影響生活型態

- 手足的排行，某種程度決定了他們的生活型態。
- 不只限於生物學上的排行，心理上的位置也很重要。
- 不過，出生順序並不一定會造成固定的生活型態，只是有較高的可能性。

老大

老大在弟妹出生後採取的行動，決定了他的傾向。

最早出生的孩子集大家的寵愛於一身。

> 弟妹出生後，會感到「失去了家庭中心的寶座，父母不再關愛自己」。

失去寶座以後，開始拚命吸引父母的關心。

> 起初還會踏實努力以獲得關懷，若是沒有成效，可能會從此失去勇氣、變成問題兒童。

訂立遠大的目標。

多半會訂立非常高的目標，畢生都在追求這個目標。

> ‧有理想主義、完美主義的傾向
> ‧拚命三郎

在意週遭的評價。

> 有拘泥事情的正確性、完整性、重要性的傾向。

有領袖特質。

從小開始常有發揮領袖特質的機會。

> ‧穩重、責任心強、值得信賴
> ‧適應力通常都很強

老二

● **老二往往會和老大徹底相反。**

如果老大是「好孩子」，老二就容易成為「壞孩子」，但也有可能變得更好。

> · 傾向展現出不同於兄姊的特長。
> · 家庭裡最先出生的兩個孩子，性格通常截然相反。

● **非常容易與人競爭。**

無時無刻都想與人一較高下。

> · 多半會不斷提醒自己更加努力，像個渴望超越金牌得主的銀牌選手一般。
> · 可能會對自己的排行心生不滿。

中間子女

● 中間的孩子懂得獨立。

從來不曾獨享過父母的關愛。

> · 在手足之間夾縫求生，必須展現自我才得以生存。
> · 多數相信「自己的人生只能靠自己開拓」。

● 講求實際。

明確且具體地知道該如何超越年長的兄姊。

> · 往往會成為現實的人
> · 認為「實大於名」

● 可能具有攻擊性。

感到惶恐時，大多會覺得別人忽視自己、不關愛自己。

> · 可能會認為自己不該出生，必須與他人爭鬥才能存活。
> · 久而久之，就會變得很暴力、憤世疾俗。

● 普遍善於社交。

通常比其他排行的孩子更擅長社交

> · 對別人不正當、不公平、輕蔑的態度很敏感
> · 如果老大或老么很有魅力或表現出色，就會失去勇氣而成為問題兒童。

老么

● **老么永遠都像個嬰兒。**

打從出生那一刻開始，就一直是備受呵護的嬰兒，永遠都坐在家裡的寶座上。

> · 多半會受到雙親或手足的溺愛。
> · 因為年紀最小，所以常常不被當成一回事。
> · 老么雖然和獨生子女非常相似，但仍有兄姊作為榜樣，所以善於與人相處。

● 多半會親近更年長的大哥大姊，排斥年紀差距小的兄姊。

● 往往富有創意，可以一展長才，但也可能遭到埋沒。

> 能夠大放異彩，但也可能因此感到自卑而失去上進心。

獨生子女

● 獨生子女容易受父母影響。

父母的性格可能會直接反應在孩子身上。

● 無法忍受孤獨。

沒有競爭對手，無時無刻都希望獲得關懷，結果可能變得非常在意大眾目光。

● 無法建立良好的人際關係。

沒什麼機會學習如何與人分享、表達自己的方法以及手段的運用。

> ・由於經常與大人相處，所以善於和年長者交流。
> ・可能不擅長與同齡的人相處。

● 沒有自信。

因為身邊全是大人，所以可能會培養出「不能獨自行事」的觀念。

● 容易變得任性。

一旦自己的心願沒有實現，就會覺得自己遭到不公平待遇。

> ・會展現出自己不可靠的一面，期望別人來幫助。
> ・必須有父母積極幫忙激發勇氣，才能成為責任心強的孩子。

其他手足關係

如果是大家庭

· 在大家庭裡,可能會形成多個小團體。

· 手足的年齡差距若在五～六歲以上,可能會在家庭內形成二個或以上的小團體,甚至出現「孤立的孩子」。

· 大家庭裡的孩子能學會互相照顧,鮮少引起紛爭。

· 大家庭裡若有一個特別年長的孩子,往往會扮演父母的角色照顧幼小的弟妹。

如果有孩子夭折或流產

· 早夭的孩子或流產的嬰兒也會對家庭造成深遠的影響。

· 活著的孩子無法與「去世的孩子」競爭,因此多半會過度美化已經死去的人。

· 倘若有孩子夭折、流產或早產,父母容易過度保護還活著的孩子。

如果孩子身體有殘疾

- 父母通常會「特別照顧」肢體殘障、體弱多病、有智力障礙的孩子，容易使他們變得「恃寵而嬌」或「人見人厭」。
- 倘若父母全心全意照顧殘疾的孩子，可能會引起其他兄弟姊妹的反彈。
- 父母若對收養或繼子女採取「特別的態度」，也會引發相同的狀況。
- 孩子受到雙親和祖父母等地位重要的大人關懷，就能感到安心。

手足的性別也有影響

- 在都是男性或都是女性的手足關係中長大，可能會產生中性傾向。
- 可能不太擅長與異性交往。
- 家庭裡的唯一女兒或兒子，往往會對自己的地位感到惶恐。
- 一般而言，這種家庭的男孩子會養成「少爺」性格；女孩子若是能扮演好女性的角色，則會被視為「公主」。
- 如果家庭裡的手足人數多且男女混雜，長男或長女即便不是第一個出生，也會培養出老大的性格；么男或么女即便不是年紀最小，也會培養出老么的性格。

良好家庭與不良家庭的氣氛

要建立美滿的家庭關係，應該要注意哪些方面呢？以下就介紹幾個良好家庭與不良家庭的實例。

良好家庭的氣氛	不良家庭的氣氛

氣氛	
敞開心胸對談 樂觀 互相尊重 包容對方	談話封閉 悲觀 互相推卸責任 排斥對方
解決課題的態度	
注重行動的心態 著重於能做到的程度	注重成果 只著重於能或不能
做決策的時候	
大家都有決定權 以民主方式決定 理性討論	支配與服從 由獨裁者決定 互相傷害感情

良好家庭的氣氛	不良家庭的氣氛
團體行動的方式	
友善互助 願意合作	互相阻礙 傾向競爭
對規範的觀點	
創意、實際 重視權利和責任 	保守、慣例 重視前例和面子
幫助的方法	
激發勇氣	過度保護、干涉

不良家庭的氣氛及其對孩子的影響

過度保護的管教
▼
孩子會變得無法為自己的行為負責。

溺愛
▼
孩子變得自我中心、我行我素。

排斥孩子
▼
孩子會認為自己毫無價值，失去自信。

賣弄父母的權威
▼
孩子會養成企圖支配他人的性格；
或是變得低身下氣、服從強權。

一味寄予厚望
▼
孩子會以為自己很沒用。

憐愛的態度
▼
孩子會變得自怨自艾，希望受到別人憐愛，逃避義務。

行事標準不一

▼

孩子無法信賴別人。

關係不睦

▼

使孩子習慣用爭執解決問題。

絕望的態度

▼

孩子也會變得絕望。

說髒話

▼

會讓孩子愈來愈乖僻。

否定孩子的情緒

▼

孩子會漸漸隱藏自己的感情。

放任孩子競爭

▼

孩子會好高騖遠，甚至不願意與人合作。

什麼是理想的親子關係？

● 親子之間維持平等的地位，常保互相尊重的觀念

到目前為止，我們已經深入了解過家庭關係的問題了，大家有什麼心得呢？
尤其是在親子關係裡，父母往往會希望小孩照著自己的期望發展，多半無法做到第 3 章 110 頁介紹的「課題的分離」。

孩子的課題是屬於孩子的，父母的課題是屬於父母的——只要能著重這個觀念，父母就不會再把自己的意見強加於孩子身上，能將孩子視為獨立的個體並給予尊重。倘若做到這一點，孩子就可以作為獨立的人，好好長成一個能夠獨立的大人了。
左頁是一份理想親子關係的檢測表，不妨來看看你家的親子關係狀況吧！

理想親子關係的檢測表

☐ 父母和孩子互相尊重。

☐ 行為彬彬有禮，能將孩子當作關係對等的朋友。

☐ 注重孩子好的一面，儘量不責備孩子的過錯。

☐ 秉持「發掘孩子優點」的態度。

☐ 接受孩子「真實的一面」，不將自己的「理想」強加於他。

☐ 不將孩子與兄弟姊妹或其他人比較。

☐ 讓孩子各自負起責任，並教育他們盡責。

☐ 不責罵孩子。

☐ 幫助行為脫序的孩子產生勇氣。

☐ 親子都要勇於接受自己的缺失。

☐ 學會幽默感。

☐ 努力讓自己隨時都能坦率表現出情感。

☐ 言行都要充滿溫暖、溫柔與愛。

☐ 設身處地為對方著想。

參考《阿德勒心理學教科書》(HUMAN GUILD 出版部) 製表

快速掌握本章重點

這一章要介紹可以讓人生更圓滿的各種思
考方式。除了詳細講解阿德勒心理學不可
或缺的「激發勇氣」和「共同體感覺」觀
念以外，還有激發自己或他人勇氣的要點、
如何接受失敗、培養新習慣的方法等等，
以淺顯易懂的方式，介紹能讓我們與自己
或他人幸福交往的祕訣。

這種時候最有用！

☑ 想要學會如何激發勇氣。

☑ 想知道如何思考才能讓自己克服所有困
　境。

☑ 想了解什麼才是真正的幸福。

第 **6** 章

讓人生更圓滿的 心理學

~擁有勇氣與共同體感覺~

圓滿人生必備「激發勇氣」的能力

能讓我們生活更圓滿的最快捷徑，就是能夠激發自己的勇氣，也能激發別人的勇氣。但是，要如何才能激發勇氣呢？

激發勇氣需要做到三個步驟。

步驟 **1** 激發自己的勇氣

步驟 **2** 不輕易失去勇氣

步驟 **3** 開始激發他人的勇氣

更詳細的說明，請參照下頁。

只要我們學會激發勇氣，就再也不會責怪別人，也不會感到自責了喔！

1　激發自己的勇氣

要成為一個能激發他人勇氣的人，首先一定
要先讓自己擁有十足的勇氣。

①在生活中隨時為自己打氣 (實踐下一頁介紹的
「能激發勇氣的六個特徵」)、②和能夠激發勇氣
的人相處、③多說鼓勵的話語、展現正面的印象
和行動、④將激發勇氣的技巧用在自己身上。

2　不輕易失去勇氣

完成 172 頁介紹的「容易失去勇氣的六個特徵」以後，
就能繼續往正面的方向邁進。注意別讓自己受到缺乏勇氣
的人影響。

3　開始激發他人的勇氣

當你學著避免失去勇氣的同時，也要開始幫
身邊的人激發勇氣。最好用共鳴的態度對待
別人，積極鼓勵對方。

能激發勇氣的六個特徵

能夠激發勇氣的人，有以下六種特徵。你擁有哪幾種呢？

用「尊重」和「信賴」激發動機

你就是這一點值得我信賴。

恭喜你的努力有了收穫。

正向思考

我們可以從這次的經驗學到什麼？

沒關係，現在才正要開始！

目的 (未來) 導向

朝那裡邁進吧！

實現那個目標吧！

善於聆聽

這樣啊～

然後呢？

縱觀大局

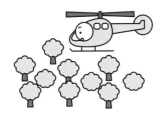

原來整體情況
是這樣啊。

展現幽默感

一不小心就變
這麼大了。

容易失去勇氣的六個特徵

會失去勇氣的人，往往都有以下這些習慣。你是否也在不知不覺中做過這些事呢？

用「恐懼」激發動機

辦不到的話就給你降職！

負面思考

一定又會失敗的。

不可能這麼順利啦！

原因(過去)導向

要是那個時候這麼做就好了⋯⋯

你何必要做那種事！

都是他害事情變成這樣的。

172

不善聆聽

過度吹毛求疵

愛挖苦

激發對方勇氣的非語言溝通

激發對方的勇氣時,關鍵在於自己真誠的態度與彼此的信賴關係。此外還有另一個重要的因素,就是不涉及話語的非語言溝通。這裡就來介紹幾個特別重要的具體表現。

表情

1. 如果是嚴肅的話題,就要用認真的神情傾身聆聽。

2. 如果是愉快的話題,要盡可能微笑聆聽。

肢體動作

1. 別用食指指人
   →會給人一種帶有攻擊性的感覺。

2. 和對方談話時露出自己的雙手
   →雙手插在口袋或是藏在身後,
   都會給人帶來壓迫感。

眼神接觸

1 別讓臉的角度朝上或朝下，也
不要俯著臉抬眼看人。

→前者有輕蔑對方的感覺，後
者則會顯得自己有所顧忌。

2 聆聽時別一直死盯著對方的雙
眼，可以看著對方的嘴巴，再
不時看向對方的眼睛，表示自
己沒有分心。

3 需要看對方雙眼時，動作要快
速俐落；別開視線時，則要有
點依依不捨似地慢慢移開。

175

激發勇氣的七種習慣

只要我們平常就能激發自己和他人的勇氣，肯定會發現討厭的人頓時消失一空，愉快的人全都聚集到自己身邊了。把激發勇氣培養成習慣以後，效果會更為顯著。多注意保持以下七種習慣吧。

加分主義

總是以肯定的態度對待別人，樂見對方的進步和成長。

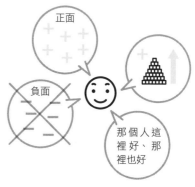

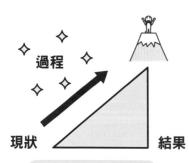

重視過程

不會只著重結果，而是了解對方奮鬥的過程，並肯定他的努力。

肯定的話語

注意對方的能力和優點，秉持肯定的態度。

重視人格

凡事都能無條件信任對方，即使對方做出不當行為，也要保持「對事不對人」的心態。

合作原理

不讓對方因為自己和其他人的差距而產生競爭心理，而是肯定對方的優勢和特長，朝大家共同的目標互助生存。

善於聆聽

克制自己暢所欲言的欲望，學會傾聽對方想說的話。

包容失敗

認知到「失敗是勇於挑戰的證明，也是學習的機會」，包容對方的失敗。

當你垂頭喪氣時

● 生活低潮正是重建羈絆的最佳時機

身而為人,多少都有垂頭喪氣的時候。

當我們處於低潮時,會出現以下三種特徵。

1 **無精打采**
2 **心情憂鬱**
3 **處於「負面」的狀態**

每個人的生活都會像生理節律一般,以一個月的週期輪流出現順利、不順利的波動,有一帆風順的時候,也有萎靡不振的時候。當我們處於低潮時,即便奮力掙扎著想盡早脫離困境,卻反而讓自己更加痛苦。這種時候,我們可以採取以下三個應對方法。

1 **肯定現狀**⋯⋯面對自己當下的真實狀況。
2 **回歸初衷**⋯⋯做好自己目前的工作,珍惜身邊的家人和朋友。
3 **重建羈絆**⋯⋯再次確認自己和家人、親密友人之間的連結。

長時間跨距的正負波動

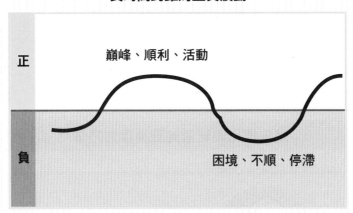

巔峰、順利、活動

困境、不順、停滯

一日時間跨距的正負波動

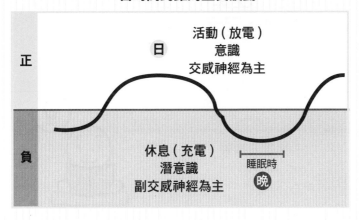

日

活動（放電）
意識
交感神經為主

休息（充電）
潛意識
副交感神經為主

睡眠時
晚

如何面對失敗

每個人都會失敗。當自己失敗，或是別人失敗時，我們應該要如何看待它？如何面對它？這裡就來介紹阿德勒心理學中面對失敗的方法。

將失敗化為能量的五種應對方法

 勇於挑戰的證明

學習的機會

重新出發的原動力

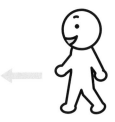

邁向更大目標的勳章

播下日後成功的種子

失敗後該如何負責

當我們失敗了以後，最理想的負責方式，共有以下三個步驟。

| 1 | 道歉 |  |

| 2 | 恢復原狀 |

| 3 | 避免再犯 |

[如何對待造成失敗的人？]

當公司部屬、孩子或重要的人犯錯時，我們應對的態度會對他們造成非常大的影響。

理想的態度

 你可以從這個錯誤中學到什麼呢？

 如果給你機會再試一次，你知道要注意哪些地方嗎？

→可以避免再犯

不當的態度

 為什麼會失敗？

 竟然會犯這種錯，真是沒用。

→使對方想隱瞞過失　　　　→讓對方失去自信

如何培養新習慣

我們每個人都有自己的怪癖和習慣，像是刷牙方法、抖腿、蓮花指等等……行為因人而異。因為這些習慣可以讓我們感到放鬆，所以往往無法養成新的習慣來改掉它。既然如此，那該怎麼辦才好呢？

習慣有以下三個特徵。

1 沒有自覺

2 制式化

3 熟能生巧

因此，我們才會久久無法擺脫這些習以為常的習慣。

想培養一個習慣，要著重於「三」這個數字。先連續三天做同樣的事，如果已經連做了三天，就再試著持續三個月；如果已經連做了三個月，就再試著持續三年。三年能讓一件事變成習慣。只要能持續三年，它就會完全融入你的生活，成為你的一部分。

如何培養新慣例？

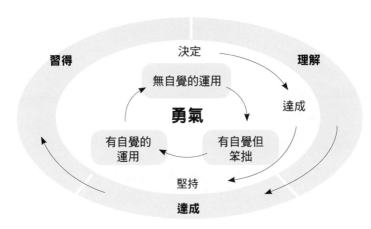

想要學會新的習慣，建議用以下三種循環方式來培養。

1 決定→實行→堅持

2 理解→達成→習得

3 無自覺的運用→有自覺但笨拙→有自覺的運用

如何維持家人或職場的羈絆？
共同體與社會體

● 共同體正逐漸消失於現代

現代社會因為邁向資訊化、都市化、少子化、核心家庭化，導致職場員工紛紛出現了以憂鬱症為大宗的精神官能症狀。

而且從 1995 年開始，廣受各領域採納的成果主義引進了職場，使得個人主義蔚為風潮，勞工將合夥人或同事視為敵人，讓原本互助合作的職場風氣，轉眼間瀰漫起一股勾心鬥角的的氣氛，使人與人之間失去了牽絆。

德國社會學家斐迪南 · 滕尼斯，將實在的有機生命體稱作共同體，認為家庭、地區等集團典型，是「無條件互信且親密無間的共同生活」；另一方面，則將觀念的機械化合成體視為利益社會，稱之為社會體 (參照下頁表格)。

那麼，人在什麼狀態下才會覺得自己置身於共同體之中呢？例如我們在家庭裡，只要能產生「我是家裡的一份子」(歸屬

共同體與社會體

	共同體	社會體
典型	家庭、地區社會、興趣集會	企業、行政機關、軍隊
目的	照顧成員的心情	成功抵禦外敵
標準	凝聚力（團結、同伴意識）	強度（目標的達成力）
理想	公正性、安心感	以最少成本達到最大效果

＊參照《組織的盛衰》(堺屋太一、PHP 研究所)

感)、「我關心每個家人」(共鳴)、「我信賴家人」(信賴感)、
「我要努力為家人付出」(貢獻感)，就是擁有共同體感覺。

我們只需要一點點勇氣，就能改變現狀。
就算和身邊的人吵架，也不會忘記向他打招呼說「早安」、「謝
謝」；在一家團聚的場合或職場上，大家都能提出自己的意見，
幫助整個家庭 (職場) 達成目的；或是為周遭的人付出一點小
小的貢獻……
只要一點勇氣，我們就能維持、穩固自己與大家的牽絆。

勇氣和共同體感覺足以改變人生

到目前為止，我們已經透過各種主題說明阿德勒心理學的概念，這裡則要再一次探討勇氣和共同體感覺之間的密切關聯。阿德勒心理學認為，人類如果要過著幸福的生活，最重要的就是培養共同體感覺(參照 38 頁)。

阿德勒還在世時，曾經說過：

「我們在面對人生各種問題時，肯定都能歸納出這個結論：不論是採取問題行動的孩子、罪犯、精神官能症患者、精神病患、還是酗酒的人，他們都是因為缺乏勇氣，才會失去共同體感覺。」

從阿德勒的話中，我們可以明白每一個活著的人，都擁有幸福圓滿的潛能。

只要我們學會激發勇氣，就能擁有共同體感覺。

何謂共同體感覺？

我們再複習一次共同體感覺的概念吧。

共同體感覺就是

1 能對自己隸屬的共同體產生歸屬感、共鳴、信賴感、貢獻感的感覺或感情。

2 心理健康的指標。

在現代發揮共同體感覺

活在現代的我們，最好要注意維持以下的關係。

● 與家庭共同體的和解、再建構

● 與地區共同體的和解、再建構

● 與生命、宇宙共同體的和解、再建構

阿德勒假定的共同體

阿德勒心理學主張擁有共同體感覺，才能實現全人類的幸福。
他假定了以下三種共同體。

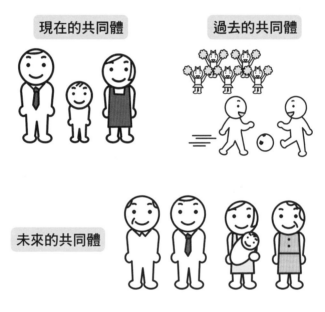

除了現在的共同體以外，
也包含過去和未來的共同體。

並不是存在於現實的共同體，

而是反映人類理想的共同體。

共同體的成員涵蓋了人類、動物、植物、非生物，

直到宇宙的盡頭。

附　　　錄

夢的理論

夢境的作用是什麼？

每個人都會作夢。有時我們甦醒後仍然可以清楚記得夢境的內容，有時卻又忘得一乾二淨、根本想不起來。就算我們會遺忘夢裡的場景，但偶爾卻還記得夢裡有過神清氣爽、悲傷難受、疲憊不堪等種種感受，甚至也有夢境成真的時候。

實際上，夢究竟有什麼樣的功用呢？阿德勒心理學主張夢境有以下四種作用。

夢境的四種作用

1 解決問題 (工作、交友、愛情等等課題)

2 使自己目前置身的狀況更加明朗

3 預演自己將來的計劃

4 喚起自己心底沉睡的感情

夢的解析並非絕對精準

· 夢境雖然是某種象徵，但並不是每一種情境都有固定的解釋。

· 不可能編得出「解夢大全」這類書籍。

· 即便都是關於蘋果的夢境，其象徵意義也會因人而異。

阿德勒的夢境理論結構

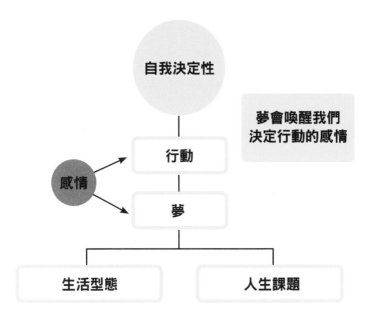

自我決定性

行動

感情

夢

夢會喚醒我們
決定行動的感情

生活型態

人生課題

夢是連結生活型態和
人生課題的橋樑

夢是連結我們現在面臨的問題與人生目標的橋
樑，所以有些夢境日後會成為現實。因為我們
先在夢中排練過自己必須扮演的角色，為了讓
夢境成真而做好了準備。

關於夢境的八個重點

阿德勒主張夢是「為了讓每個人都能達到安全和幸福的目標，而在訓練過程中使用的珍貴手段」，並詳細論述了夢的效用。根據他深奧的「夢境」理論，可以歸納出以下八個我們必須了解的重點。

1 夢是用奇幻的言語寫成的隱喻

· 夢一定會扭曲現實。
· 夢境為了彌補當事人的生活癖好、思維，或是與現實的差距，會呈現扭曲的觀點。
· 夢境是未來導向，但背景可能是過去或現在。

2 夢也是解決問題的預演

· 夢境是在自己創造的人偶劇場裡，自己操縱提線木偶預先排演解決未來問題的場面。

3 夢是視覺的工藝

· 若是沒有用視覺思考事物的習慣，通常不太會作夢。
· 夢境的構成是以日常事件和經驗為基礎，但多半不會按時間、空間、重力、歷史關係進行。

4　夢的重點不是可見的影像，而是夢境的情節

· 夢中演繹的情節遠比可見的影像更重要。

5　夢的目的是利用夢境的隱喻創造出感情

· 作惡夢驚醒＝暗示行動要謹慎
· 只是在潛意識中暗示自己處於危險的狀況，不需要追尋惡夢的原因。

6　遺忘的夢境內容不過是一種幻影，
　不需要詳細解讀

· 夢的目的無法構成具體的意識，只是偶然見到的影像和心情的產物。

7　如果沒有足以了解人類生活模式的知識，
　就無法解析夢境

· 例如胸懷大志的人，在夢中會順利跨越層層障礙；膽小的人則會夢到自己小心翼翼、試圖鼓起勇氣的情境。
· 要正確解析每一場夢，就必須解讀夢的發展與個人行動特徵之間的關聯。

8　即便解析了夢境，也無法治癒心理疾病

各種夢境暗示的意義

電梯

1 **電梯上上下下。**

　・事情有好有壞。

　・代表自己舉棋不定，擔心將來的發展。

2 **覺得自己遭到禁閉、失去自由。**

腳很沉重

認為自己能力不足。

沒有色彩的夢

1　討厭自己情緒化。
2　覺得人生無趣。

沒有臉的人

無法理解那個人的心思。

糖果

· 象徵「好的禮物」。
· 也象徵「縱容」。

反覆做同一個夢，代表作夢的人有著和夢境共通的感受。假設你常常夢到自己來不及準備、慌慌張張地工作，可能代表你活在隨時遭父親責罵的恐懼中。夢境和當事人特有的經驗或思緒是相通的。

游泳

代表自己在努力度過人生。

遭人追趕

· 象徵「焦躁」。
· 認為人生是一場競爭。
· 認為自己絕對不能輸。

過河

象徵「決斷」。

成為觀眾

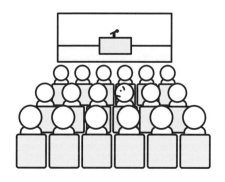

想永遠當個旁觀者。

鬼壓床

1　沒有辦法處理問題。
2　覺得自己綁手綁腳，
　　想重獲自由。

女性往往會受到社會觀感的束縛，
所以女性多半都會做這種夢。

頭髮

自己的身體、形象。

故人

覺得自己「千萬不能忘
記死去的那個人」。

 會做這個夢的人,代表他還
無法對死者釋懷,仍深受故
人的影響。

殘忍的行為

・想要大發脾氣或復仇。
・「對付你這種人就要這樣
　做!」

穿著正裝

擔心「別人會發現自己的缺點」。

重複做同一個夢

象徵現實中反覆遇到的問題及其解答。

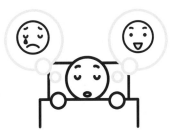

小動物

孩子或弟妹。

性相關的夢

1　**對性有所誤解時。**

「我是個能夠打破禁忌的英雄。」

2　**逃離伴侶身邊、躲進自己的世界。**

「要是沒有他的話，我就能活得更幸福了。」

考試

· 正面臨考試或問題。
·「準備還不夠充分……」
·「上次考試及格了，所以這次也
　沒問題。」

汽車

1（自行駕駛時）獨立。

「我是自己人生的主宰！」

2（身為乘客時）依賴。

「希望有人能幫我解決問題。」

同性戀

對異性心懷恐懼或敵對。

趕不上捷運

1 會遲到或錯失良機。

2 遲到可以逃過一劫。

「既然趕不上，那就沒辦法了。」

鐵路

1 想要出走。

2 不想努力，希望有人可以
順便拉自己一把。

墜落

1 （害怕）失去特權。

· 家中的長子經常會做「墜落」的夢。

· 「我會不會從此失去地位和特權？」

2 （害怕）失敗。

· 「再怎麼努力也沒用。」

· 「降低目標，以免失敗。」

飛行

1 **象徵自己克服困難、朝向目標努力。**

・如果是積極進取、胸懷大志的人，通常
　都代表這個意思。
・無法下定決心的時候，通常會做這個夢。
・對自己有信心。

2 **象徵自己想獲得自由。**

飛機

樂天派的人通常會做這個夢。

西裝、洋裝

1　代表自己的身體。
2　財產。

排便

有強烈的怒火並渴望復仇。

猛獸

內心覺得人生很危險。

很長的夢

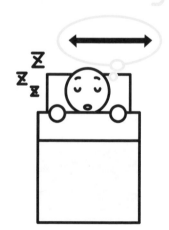

1 想要多次確認自己的安危。

2 象徵一個問題有多種答案。

很短的夢

追求或是顯現解決問
題的捷徑。

不安的夢

在現實生活中害怕失敗。

夜尿

· 報復自己「被忽視」的感情。
· 孩子往往會在夢見排尿的同時尿床。

沒有作夢

1 象徵自己不希望改變。
2 缺乏想像力,沒有深入思考人生。
3 沒有遇到嚴重的問題。

忘記夢境

作夢的目的主要是體會感情，夢裡的情節沒
什麼意義，所以才會忘記。

這世上鮮少有完全不
作夢的人（幾乎所有人
都會作夢），他們可能
絲毫沒有視覺上的感
受，或是日常生活相
當幸福，種種問題都
能以客觀的方式解決。

後記

不知道您讀了這本《人生從此與眾不同 阿德勒心理學入門》以後，有什麼感想呢？

撰寫阿德勒心理學概論的入門書，一直是我個人的心願。我希望透過書中豐富的圖解，讓讀者快速掌握阿德勒心理學的概要，並產生「想更深入了解某個部分」的動機。

因此，這本《人生從此與眾不同 阿德勒心理學入門》，也算是實現了我的心願、達成了我的目標。

我因故與 KANKI 出版的常務董事山下津雅子小姐，以及合作編輯的星野友繪小姐一同協商之際，曾經提過「阿德勒心理學入門書」的事，當時我便有預感：「這二位或許能幫我實現心願」，於是才產生了這本書的構想。

　換言之，要不是有二位，這本書便無法問世了。衷心感謝山下小姐、星野小姐的幫助。

　關於這本書，首先是以我平常在阿德勒心理學基本課程講授的內容為基礎，再加上其他入門講座的內容，所以讀者在閱讀時，會有種彷彿正在參加講座的臨場感。

　其次，我也盡可能在書中打造出視覺上的效果。

　沒有閱讀習慣的人，總是需要很大的耐心才能讀完長篇大論的書籍。因此，這本書濃縮了阿德勒心理學的精髓，讓讀者更容易理解。

最後，我希望您不要只是理解這本書裡的知識，而是能夠將之應用於日常生活中。

阿德勒心理學就是要貼近你我的日常生活，才能發揮它真正的效用。您可以一點一滴慢慢嘗試，久而久之，人生一定會蛻變得與眾不同。

深切期盼您能擁有向前踏出一步的勇氣和行動力。

2014 年 12 月　岩井俊憲

主要參考文獻

- ●岩井俊憲著《勇気づけの心理学 増補・改訂版》(金子書房)
- ●岩井俊憲著《用漫畫輕鬆讀懂阿德勒職場勇氣心理學》(究竟出版)
- ●岩井俊憲著《カウンセラーが教える「自分を勇気づける技術」》(同文館出版)
- ●岩井俊憲著《失意の時こそ勇気を─心の雨の日の過ごし方》(KOSMOS LIBRARY)
- ●岩井俊憲著《アドラー心理学によるリーダーの人間力の育て方》(Arte)
- ●野田俊作監修《アドラー心理学教科書》(HUMAN GUILD)
- ●伍爾夫 (W. Beran Wolfe) 著 岩井俊憲監譯《どうすれば幸福になれるか》上、下 (一光社)

索引

一看就懂圖解阿德勒心理學：
找回被討厭的勇氣：拋開過去，激發勇氣，人生從此與眾不同的 6 堂課
【暢銷紀念版】

作　　　者／岩井俊憲
譯　　　者／陳聖怡
美 術 編 輯／申朗創意
責 任 編 輯／譚乃元
企畫選書人／賈俊國

總　編　輯／賈俊國
副 總 編 輯／蘇士尹
行 銷 企 畫／張莉滎、蕭羽猜、黃欣

發　行　人／何飛鵬
法 律 顧 問／元禾法律事務所王子文律師
出　　　版／布克文化出版事業部
　　　　　　台北市中山區民生東路二段 141 號 8 樓
　　　　　　電話：(02)2500-7008　傳真：(02)2502-7676
　　　　　　Email：sbooker.service@cite.com.tw
發　　　行／英屬蓋曼群島商家庭傳媒股份有限公司城邦分公司
　　　　　　台北市中山區民生東路二段 141 號 2 樓
　　　　　　書虫客服服務專線：(02)2500-7718；2500-7719
　　　　　　24 小時傳真專線：(02)2500-1990；2500-1991
　　　　　　劃撥帳號：19863813；戶名：書虫股份有限公司
　　　　　　讀者服務信箱：service@readingclub.com.tw
香港發行所／城邦（香港）出版集團有限公司
　　　　　　香港灣仔駱克道 193 號東超商業中心 1 樓
　　　　　　電話：+852-2508-6231　　傳真：+852-2578-9337
　　　　　　Email：hkcite@biznetvigator.com
馬新發行所／城邦（馬新）出版集團 Cité (M) Sdn. Bhd.
　　　　　　41, Jalan Radin Anum, Bandar Baru Sri Petaling,
　　　　　　57000 Kuala Lumpur, Malaysia
　　　　　　電話：+603- 9057-8822　傳真：+603- 9057-6622
　　　　　　Email：cite@cite.com.my
印　　　刷／韋懋實業有限公司
初　　　版／2023 年 09 月
定　　　價／380 元
Ｉ Ｓ Ｂ Ｎ／978-626-7337-32-5
Ｅ Ｉ Ｓ Ｂ Ｎ／978-626-7337-36-3（EPUB）

城邦讀書花園　布克文化
www.cite.com.tw　www.SBOOKER.COM.TW